U0073648

優兒親子教育集團
Yourfamily Education Group

教養 棒 小孩
跟我 這樣做

透過優兒專業全能力評量，您可以 ‧‧‧‧‧

1. 了解孩子的內在性格與潛質方向
2. 掌握孩子適齡適性的成長脈動
3. 發掘孩子的能力及發展上的獨特優勢能力
4. 找出影響孩子學習與成長的干擾源
5. 預防將來孩子可能產生在發展上的困擾
6. 了解孩子，以適合孩子的互動遊戲方式奠定成長的基礎

　　大部份的資優學生父母並未擁有教育相關的學歷，但這些父母都有開放和好奇的心情，
　　歡迎預約發現孩子的資優特質，由專業的教育諮詢師親自為爸媽解答教養子女的困惑和疑慮！

優兒培育心法大公開

學前/小學/中學，三階段爸媽該注意什麼？
現代父母最常見的教養困惑，要如何解開？

一位曾被數學老師趕出教室的小學生，長大後致力於發掘兒童優勢能力的教育推廣工作，單爸擅於以幽默輕鬆的演說方式，將深奧難懂的教育理論轉化為簡單容易執行的生活教育方法。

溫馨提示

優兒單爸的演講在內地獲得家長熱情支持一票難求，專為本書讀者加開兩場讀者專屬的親職講座，為提供最佳的視聽品質，預約額滿為止，敬請把握機會！

入場券 價值新台幣1,200元

場　次	時　間	會場地址	電　話
台　北	2012/07/21(六) 14：00~15：30	國立臺灣師範大學 教育推廣進修學院1F演講廳 台北市和平東路一段129號	02-2366-1018 03-611-8909
台　南	2012/09/01(六) 10：30~12：00	國立台南生活美學館 （原台南社教館） 台南市中西區中華西路二段34號	06-238-5277

『教養棒小孩請跟我這樣做』讀者憑截角免費入場，本活動採預約報名，歡迎爸媽結伴同行

姓名：＿＿＿＿＿＿＿＿＿

手機：＿＿＿＿＿＿＿＿＿

參加場次：台北／台南

教養棒小孩請跟我這樣做

| 讀者親職講座 |

愛 從了解開始⋯⋯

視知覺學習力評測是什麼？

　　視知覺能力影響小學生以後的孩子在閱讀、拼音、數理及邏輯等方面的學習能力。教導兒童有效學習應該不只是看，而是看懂；不只是記，而是理解。透過優兒專業的『視知覺學習電腦評測系統』只需20分鐘，便能客觀評估孩子現階段的視知覺方面的優弱能力，讓專業老師協助爸媽提供有效的教育引導方向。

教養棒小孩
請跟我這樣做！

單中興優兒培育心法大公開

優兒教育創辦人 **單中興** 著

敬養
Follow Me!

「愛唸」中的「愛戀」

　　從我有記憶以來，別人對爸爸的形容是高大帥氣，對我而言，他既是嚴父更是導師。不知從何開始，整理家務和清洗碗盤已是我生活的一部分。他常說：「每個人都要對這個家有所貢獻，孩子就是從做家事開始。」

　　還記得他教我做家事時，不論是掃地、拖地、修東西等，都是他先做，我在旁觀看，然後再讓我去嘗試，即使是做錯或打破東西，也不會被責罵，他只會笑著說：「沒有關係，再一次或下次會更好。」

　　爸爸平時工作雖然很忙，但從不忘記利用假日帶我們兄弟去打球運動，也要求我們多閱讀和唸文章，父子三人也常在相聲中尋找樂趣。其實，爸爸有時候雖然會嚴格要求我們，但他也相當風趣幽默呢！

　　在進入高中之際，我去學習美術繪畫，他也對我的選擇和興趣給予尊重和支持，讓我在欣喜之餘，深深慶幸我有這麼好的爸爸！

　　我想藉由爸爸出書這個機會，表達我們兄弟的敬愛之意。有時爸爸對我們的「愛唸」其實就是一種「愛戀」，他將人生中許多經驗一一傳給我們這兩隻小鬼，相信不論是我們跌倒或失敗，只要有爸爸一路的鼓勵，將使我們更有力量地去迎向未來挑戰。

大兒子 單珩嘉

教養
Follow Me!

凡事有所堅持的爸爸

　　每當周休二日，爸爸總是押著我和哥哥去運動，他說運動有助於加強專注力，對身體有益，可說有趣又簡單！

　　而且，爸爸還說運動可以強化我們的意志力、堅持力與耐力，爬山正是一個例子。四年級以前，爸爸和TONY叔叔每次到了週末一大早，都會丟個炸彈鬧鐘過來，再拎著我和哥哥去爬山。

　　起初，我們是帶著極為恐懼、沒輒、反對的心情去迎向我們的敵人，也就是那稍微傾斜的道路，走不到三百公尺就氣喘如牛，渴得半死，累到只剩半條命；但慢慢、慢慢地，我們進步到可以爬較斜的階梯，再來是濕滑的青苔泥路，直到現在我們連爬峭壁斷崖都不是問題。

　　每次我們要放棄時，爸爸總會說：「快到了！快到了！如果你現在放棄就永遠也不會成功喔！加油吧！爸爸陪你一起堅持下去！」聽到這句話，一股推動力瞬間出現在我身後。雖然最後發現離終點還有一大段距離，也生氣爸爸為什麼要騙人，但現在回想起來，其實爸爸的話是對的。

　　不過，也就是這些看在女生眼裡，野蠻又可怕的運動，使我現在能專心地做好很多事情，因為動和靜的結合，成為最大的可能性，讓我的專注力提升許多；堅強也在我身上發生變化，別人被罵會哭，我被罵就算想哭也會忍著淚水直到入睡；一些別人中途就會想放棄的事情，我當然也想放棄，但我知道那樣做永遠也不會有機會成功，所以我還是會堅持到最後，結果那甜美又豐盛的果實就全歸屬於我。我想，這全部都是爸爸堅持運動的功勞！

爸爸是一個很積極的人，一分一秒都不捨得浪費，做事總是快速又精明，不會失掉任何空閒，總是把自己比別人多出的時間差距，再去做更多有意義的事情。他說：「每個人只有一樣東西是相同、公平的，那就是時間！」

信用一樣也是他很注重的，人與人的相處極為重要，比起功課，它簡直是你一生的必修課程，彼此間的信任也是我們繼續生活的動力之一，答應別人的事，除非有很嚴重的緊急事件，否則再怎麼樣也要赴約。所以這兩項合併在一塊，正是他極度要求的「守時」！每次我們有時間上的約定，他一定要我們提早或準時，因為那是大部分老闆檢測員工負責任的一個標準，雖然看起來不過是個雞毛蒜皮的小事，但他認為：「許多小細節，其實是大關鍵。」

這就是我的爸爸，一個與眾不同的爸爸，一個會用不同角度看世界的爸爸，他可能不是完美的，但他教導我們穿透障礙，然後挑戰更高的一個境界，完成我們分內該做好的事！

小兒子　單珩奕

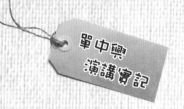

愛，從了解開始！

　　在單老師的演講中，我了解到每個孩子的個性不同，學習興趣也各有所異，但只要孩子能快樂學習，他們將會更有信心，因為「自信」是玩出來的！而對於孩子則要「愛之深，責勿切」，用真心、愛心、耐心來陪伴孩子；並且「適度放手，忍受挫折」，相信孩子能獨立做到，快樂成長！

～禹丞媽媽

　　「我爸爸都是這樣啊！」一句話點醒所有父母，也就是身教大於言教的重要性。與其當個叨唸的父母，倒不如當個陪伴孩子的好朋友，單老師除了是孩子們眼中，幽默風趣的傑瑞叔叔，更是有原則的身教型爸爸，當我們了解孩子的先天優勢能力後，就不會變成可怕的狼爸和虎媽啦！

中華文教創意產業發展協會秘書長　曹蓁貴

在朋友的介紹下，聽了單老師對孩子的教養方式，讓我與小紫的爸爸了解孩子的成長是分階段並需要給予刺激的。雖然孩子的學習與玩耍有關，但玩也要玩得有方法。我們終於知道教養一個棒小孩急不得，而是要按部就班地徹底執行！

～紫綸媽媽

三種生命的啟蒙

　　當今世界有超過七十億的人口，他們組織了數以億計的家庭。西方人說，家是堡壘，也是避風港，對家的重視，不容置疑。中國人將國與家連用，國之本在家，家齊而後國治，國治而後天下平。家的作用更加凸顯。

　　家是人為的制度，也是自然的產物。主因有兩方面：一是與許多其他高等動物相比，人出生後有相當長的一段時間無法獨立自存。不要說嬰兒不能照顧自己，三歲、五歲、八歲、十歲的兒童，一旦「野放」，其存活成長的機率，又有多大？家要照顧他、庇護他；二是「人」的特殊性。人的生命組成可大別為三個部分：

第一部分是血緣生命：每個人都有父母，父母又各有其父母。人也有後代，世代繁衍。父母養育之恩天高地厚，所以中國人特別強調孝道，以報雙親養育之恩。孝不僅是針對自己的長輩，也是對我們共同的祖先。在家為孝，在國為忠，求忠臣於孝子之門，便是此意。

第二部分是自然生命：人不管是自然演進或是神的創造，要生存，不能不仰賴自然界。陽光空氣水、土壤、森林、動植物等。人的欲望越大，需求就越多。如果沒有自然界，很難想像人類如何生存！

第三部分是文化生命：這是人異於其他生物的特殊之處。其他生物能繁衍，能順從自然界取得養分，但他們的行為多出自於「天性」，後天自我的創造幾乎不可能傳承積累。人類則不同，人可以透過經驗、教化，把思想、觀念、價值、知識技能、行為模式、情緒管理等，一代一代的傳遞下

去，累積知識、經驗、智慧而且發揚光大。缺少了文化，人之異於禽獸者幾希！

血緣生命、自然生命、文化生命都是在家創始提供與啟蒙的。婚姻是愛的結合，子女是愛的結晶，家庭是愛的學校。父母都是透過親子之情，無微不至地照顧孩子，並以言教身教啟迪孩子，長成一個有教養、有品味、有能力、有抱負的人。夫婦與親子關係的互動，構成一個個家庭的獨特故事。

如何與兒女相處？「養不教父之過」。如何培養兒女正確的生活觀念，行為模式與抱負理想？如何使親子關係既親密又有開創性？從出生到少年階段各自有些什麼挑戰與準則？單中興先生現身說法，也介紹和分析了別人的經驗。對每一個有孩子的家庭，對每一個剛為人父母或是即將為人父母的人，本書可說是開卷有益，如能細心體會，努力實踐，必將幸福滿堂。

國立政治大學前校長　張京育 謹序
於台北市文山區秀明雅苑

當孩子最好的舵手吧！

　　因為認識優兒執行長Linda的關係，去年邀約我去他們學校演講時，我就對單大哥在教育的熱情上留下了深刻的印象。

　　記得在他們的學校，我感受到優兒老師和夥伴們的熱情、親切，甚至於對孩子的許多學習細節充滿耐心和愛心。也許，很多人認為那只是看到表面，但對同樣身為創業者的我來說，卻知道那必需是由創業者本身對教育充滿熱情和執著，才能產生這樣的企業文化。

　　而這本書是單大哥將自己對教養孩子的觀念和方法，透過像朋友聊天般的方式與大家分享。在我拜讀的過程中，感受深切的地方很多；就拿了解孩子這件事來說吧！這是現代父母最重要的一門功課，大部分的父母就如書中所說，好像只會問孩子「功課寫完了沒」、「考試考幾分」；而父親的角色更是糟糕，很多爸爸根本就是孩子的「聖誕老公公」，只會送禮物來討好孩子，雖說孩子的確很喜歡「聖誕老公公」，但是孩子能跟他分享心事嗎？會真心愛他嗎？當孩子在人生中需要指引的時候，又是誰該給他最好的方向呢？

　　所以，如果您是父母或是教育工作者，這本書都將帶給您很大的省思和收穫，如同單大哥在創業教育理念上很重要的一個概念——在對的時間做對的事情。正確的教養概念也是如此；在孩子最需要指引的階段，父母必須扮演最好的舵手！希望您能和我一樣，從這本書得到很多的感動，一起來為體制外的教學努力。

故事屋創辦人　張大光

溯本清源談教養

聽過很多父母形容自己的孩子是「聰明有餘、沉穩不足」，什麼新奇的事物都難不倒他，卻無法認真完成一項簡單的任務。興奮起來滿處亂竄，生氣難過又大哭大鬧，除了睡覺之外幾乎沒有片刻安靜。父母最希望有EQ課程能神奇地改變孩子，使其能控制情緒。雖然這個階段的情緒反應，多半是孩子的求救信號，但父母更應該重視的，其實是身體發展！

每個人的身體或多或少都有敏感部位，如果被搔到癢，恐怕都會有激烈的情緒反應；但相較於成人，孩子的感覺特別敏銳，或許對父母而言微不足道的刺激，可能就會搔到孩子的癢處，進而產生強烈的情緒反應。最常見的就是觸、聽、視覺的敏感，當孩子進入陌生環境就會開始哭鬧，因為看見的人事物、聽到的高低頻、感受的冷熱刺，對敏感的孩子都是突發而強烈的刺激。如果父母忽略了孩子發展過程中感覺統合的重要性，卻僅僅要求孩子壓抑情緒，最後將會使其情緒失控，造成反效果！

包括專注力在內的情緒高漲狀態，都極有可能是孩子某些部分的敏感。父母首先能透過觀察期，確認孩子是屬於哪一類感覺的敏感，比如光腳在草地上行走確認觸覺，對於不同聲響的反應確認聽覺，對於注意力轉移到新事物確認視覺等。然後漸進式地給予孩子適當訓練，比如洗澡淋浴、身體按摩、草地行走、游泳、盪鞦韆、拋球、跳繩等體適能遊戲，同時配合聲音和手勢的指令，比如：「把球丟到這裡」、「從這條線出發，數到1開始，3、2、1」等，除了在訓練過程中確保孩子能反覆接收各式各

樣的感覺刺激外，也要讓孩子能協同不一樣的感官來理解指令並配合動作。

一旦孩子接受足夠、多元的刺激，就能在大腦形成適應性的連結，下次再出現相似情境時，便能做出適當反應，那麼情緒高亢或注意力轉移的現象就會逐步減少，如此一來，孩子就能更加配合下個階段的教室授課與學習形態。

因為這兩年兒女相繼出生，自然也將「發展從身體做起」的觀念運用在孩子身上。果然，哥哥家齊就是個特別穩定的孩子，一歲三個月就進托兒所，各方面都比同齡孩子有更優秀的表現，尤其是懂得調控自己的情緒，讓學校老師嘖嘖稱奇，這些都是重視身體發展訓練的成果。

「溯本清源」，兒童教育最注重的就是大腦發展，在醫學科技還不能完全解開人類大腦密碼的二十一世紀，父母培養資優孩童仍須透過身體感覺的活動來達成刺激大腦活化的目的。作者在幼兒資優培育領域投入十多年的精力，除了幫助許多父母成功培養優兒棒小孩之外，也教養自己的兒子成為全方位資優生。

如今他終於把自身教養和教學經驗集結成書，深入淺出的文字，讓父母透過遊戲來刺激孩子的大腦，以擁有更優秀的發展，《教養棒小孩請跟我這樣做》是每一位關心孩子發展的父母，絕不能錯過的好書！

兒童情緒教育專家　李驥

樸實謙虛的單爸爸

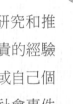

「難得的好爸爸啊！」單爸主張的教養原則簡單易懂，相信多數讀者看完本書也會有同樣的感覺，我很佩服這位貫徹執行教養責任的好爸爸，單爸不僅只在工作時倡導親子教育的重要性，也在自己的家庭中確實做到「身體力行」！

很榮幸十年前的因緣際會下，能與他一起投入兒童教育的研究和推動工作，這些年來無論在個人工作或家庭育兒方面，都能獲得寶貴的經驗與成長。平時我們都專注在各自的工作，他也很少主動談起家人或自己個人的感想。只有大家相聚，聊到最近新聞又發生子女教養不當的社會事件而憤慨不已時，才會聽到單爸大談自己的想法或個人童年成長的經驗。

我所認識的單爸和單媽向來行事低調、樸實和善，好不容易才盼到夫妻兩人願意完整公開多年教養孩子的酸甜苦辣，看到他們為子女教育所做的一切，實屬難得。十多年來，能將簡單的教養原則確確實實地執行在生活中更是不凡。

與單爸在休假日還要陪兒子上山下海的堅持度相比，不免覺得自己只能算是個想偷懶、還愛跟兒子撒嬌的懶媽媽。看著單爸陪伴兒子的執著和努力，我心裡想：「喔！好險我不是單爸的女兒……當單爸的棒小孩真不簡單！」但在某一次遇到單爸時，我還是忍不住冒昧地問：「如果讀者家中是可愛的女兒，你真覺得別的爸爸也能這麼嚴格地教養孩子嗎？萬一女兒撒嬌怎麼辦？」

單爸深思很久後，認真地說：「我真的不確定自己能不能受得了女

兒向爸爸撒嬌……不過男女生的體格本來就不同，如果是女兒，在運動方面的鍛鍊或許會少一點。可是，要求孩子認真負責的做人基本態度，我還是很堅持的！」我感受到單爸真誠且有氣度的回應，並不因我的冒昧而覺得被人挑釁。

單爸總是希望我們提出各種不同的想法來討論，徹底發掘什麼才是孩子真正需要的愛。如此一來，才能累積更多有意義的腦力激盪與教養心得，與更多的爸媽分享！

我是個在都市長大的小孩，單爸童年的特殊經驗，讓我感覺好似電影情節一般，每次心想：「單爸這是在編故事嗎？」但我臉上疑惑的表情很快就被看穿，這時單爸會補一句：「我說真的啦！騙妳們做什麼！」

其實以往也沒懷疑過單爸童年堅苦的真實性，只是驚訝於年齡相近的孩子，竟會有截然不同的成長經驗，難怪每個人在長大成人之後，無論是工作或教養子女，觀念上都會有很大的差異。

小小的台灣在玉山阻隔下，形成東西兩個完全不同的環境，孩子們可以接受的資源和生活經驗卻是有如此大的差距。單爸在書中分享他兒少時期的成長歷程，對我而言，就像回到小時候聽爸爸講故事的時空錯亂感。難怪單爸會說「好漢少提當年勇」！他經常提醒爸媽：「教孩子只用『說教』是沒有用的，就算講再多次孩子也不能體會，只有親身體驗才會記憶深刻。」

單爸在每一次的演講結束後，總會被爸爸媽媽留下來問個不停，書中看到他以淺顯易懂的方式，點出現代家庭最常遇到的教養迷思，我認為這不僅是一本值得家長細細品味的教養筆記，更是值得與孩子們分享的勵

志故事，以作為棒小孩學習模仿的好榜樣。我很開心自己和夥伴們能在單爸的號召和帶領下，體會到教出棒小孩的喜悅和感動。

　　未來的社會需要將傳統的美德一代代地傳承延續下去。外冷內熱的單爸，以他個人真實的教養經驗鼓勵所有成熟的大人，勇敢擔負起為人父母的責任。而我真心想說：「教養棒小孩真的不難，打開『單爸教養手記』跟著做就對了！」

親子教養作家　薛文英

一本真實印證的教養書

在我們單家，中興是位極為寶貝的弟弟，小時候他有個外號叫「不落地弟」。這是源自於在他之前有個哥哥，一歲時因爬行不小心而發生了落水意外，爸媽為了不讓事情重蹈覆轍，所以成天背著他（那年代生男丁不易），幾乎就是我小時候的重要工作之一。

在這幾十年當中，一路來看著他成長、求學、就業，到選擇了自行創業，他在我眼裡並不是那麼一帆風順，甚至在我們家中，除了家人的感性關愛外，並沒有給他足夠的知識養分讓他順利成長。但是從這本書中，我對他油然升起一股佩服，這並不是意味著他有什麼了不起的成就能光耀門楣，而是只能說他做到了！

小時候我們家並不會因為他是個獨子就對他有特別待遇，該他做的、不該他做的，他都要學習去面對。也許正因環境如此，讓這小時個性靦腆、不善辭令的他，現在竟成為要在許多家長面前演講的講師。

求學過程不順遂、自信心也不高的他，卻因為堅持要走教育服務的路，而使他如今能勇敢面對兒童教育問題上的挑戰。並且，又將這兒童教育的理念和方法融入親子生活當中，徹底執行在自己的孩子身上。看到他對兒子的付出成效已漸漸有了的雛型，全家人從他意外的創業路，到肯定其孩子的表現，都不得不佩服他的決心和毅力。

小時候我們就常談天說地，直到長大時也時常聽他說夢想、教育、做父母和身為人子的孝道等。而其中最令我感佩的是身為男性的他能夠用同理心去領會媽媽懷胎的感受，不斷花時間去學習和體會。從他當爸爸的

那天起，就引領著他回到小時種種的回憶，開啟他內心創業的渴望，因而決定帶自己的孩子從生活教育和處世態度到人際關係，建立起他們的信心與眼界，築夢踏實至今。

如果你從書中能夠像我一樣親自認識現在我那兩個姪兒的各方面表現，相信所有做父母的都會感到欣慰。其實，與其要說是中興他的教育觀念和教學方法多麼的新穎或科學，我想還不如說這是他言教、身教、親身力行出來的結果吧！

每個人心中都有一畝田，我看到中興全心投入幼兒教育，按每個孩子的特質給予不同的量身教育：父母就如同園丁，在田園中開墾後撒下種子，按植物特色給予每顆幼苗應有且適當的養分澆灌。比如說牽牛花需要攀附籬笆開放、蘭花需要種植在陰涼處，沙漠中的仙人掌無須太多水的呵護，它們都能因此綻放出屬於自己燦爛的生命。

身為他的家人，謹以深深的祝福，願天下的家長和孩子們，都能有上帝的眷顧！中興分享的兒教真實故事，也願能給予天下父母啟發和幫助！

二姐　單季蓁

開啟兒童智慧之門的天使

很多人可能不知道，農夫播種前需要先經過「整地」，如果想在荒地上種出稻子，那麼播種以前所需付出的努力及正確方法便顯得相當重要，而接下來便是時間的等待！

十年前，我決定做一件別人沒有做過的事——開一家專門提供父母教育方法的新公司。這些想法在商場上，乍聽起來可能有點傻氣及理想化……但這一切，猶如在荒野中開墾一樣，需要堅毅的勇氣和冒險，以及家人默默的支持。

經常有人問起：「你們公司到底在教什麼？為什麼孩子總是看起來那麼開心有自信？」

簡單地說，就是「玩」！我們想引導孩子樂在學習，同時也希望孩子玩出大能力！

還記得當年憑藉著滿腔的教育熱情，對未來的成敗雖不太有把握，但我一心只想做件提升孩子學習能力的事情。於是，就找了一群擁有共同信念的夥伴，希望能開啟每位孩子的智慧之門，協助他們發揮天生的優勢能力。對我來說，這是個值得挑戰，也很有意義的事業！

創業十年，我經歷了很多內外的衝突和堅持，回想這一路走來的艱辛和點滴，很少有機會能完整地分享與許多家長、孩子共同學習的心路歷程和故事。不過倒是在創業時，兒子的相繼出生，讓我在生活和工作兩方面有了深刻的感動。並且，我也開始認真地學習做爸爸，將新的教養觀念

和方法運用到他們身上，而今孩子的表現不只是我夢想的結晶，更是落實親子教育的印證。除了欣慰，他們也熱情支持著我，並願意分享一家人相處的挫折和喜樂。

望著眼前逐漸長成青少年模樣的兒子，彷彿回到自己的求學情景，片斷畫面的點點滴滴映入眼簾，是那麼清晰卻似模糊；每個人成長的背後，不只是有個愛他們的家人，更需要有個懂他們的父母與師長，我的兒時是個物資匱乏的年代，能圖個溫飽，已經是最大幸福。

但在如今經濟快速成長的現代社會裡，我們不只要讓孩子溫飽且安全無虞，更要給他們一個活用的大腦能產生自我學習的動機，以及解決問題的能力，培養他們成為「明智理性」的孩子。

我經常在思考：「教育」的最終目的是什麼？這個問題沒有最好的答案，可是肯定不會只有「把書讀好、成績考好」這些任務而已。

在二十一世紀裡，由於資訊發達，每個孩子看起來都是聰明伶俐，那我們到底該教孩子什麼呢？十年過後，我反而覺得除了讓孩子發揮個人的優勢之外，還要教孩子懂得愛別人，並讓他們懂得回饋和感恩。

充實知識最終要用於社會，教養孩子也應當不只是父母單方面給孩子無止盡的付出才是……

人的一生，總會遇到無數抉擇，但決心要讓夢想實現的過程中，總需要有支持他的家人、師長朋友和工作夥伴。在此藉出書之際，感謝一路相隨的工作夥伴，和兒教學術專業上的教授們，以及各大醫院的職能治療師、語言治療師、兒童心理諮商師、大腦科學、資優培育專家和研究人員所給予的協助指導。

現在長達十年整地的田園似乎才要開始播種，但凡走過必留下痕跡，這些人生路程中的親人以及貴人，是我永遠珍惜、珍愛的對象。

　　我愛我的孩子，也希望集合更多人的努力，成就孩子們能自信快樂地面對未來人生。

　　在此我要特別感謝工作夥伴薛文英老師給予本書的各項協助，使其能順利出版！

　　如今，僅以本書真實的故事，獻給我親愛的家人、所有開啟兒童智慧之門的教育天使、父母以及優秀的兒童們！

優兒教育創辦人　單中興

目錄

第 一 章

教育從生活點滴開始

幼兒期，當寶貝最好的家教

彈性教養，兒童潛能發揮無限度

第四章

在父母的羽翼下，孩子長大了

第**1**章

教育從生活點滴開始

有人因為苦過，所以希望孩子不要重蹈覆轍；

而我自己曾經歷過不足，所以更珍惜現在所擁有的幸福。

童年時期的成長環境，對人格的形塑影響深遠⋯⋯

我總會忍不住回想自己的成長背景和過去經驗，

並深深警惕自己，現在對待兒子的方式，

也許會在他們大腦的記憶深處，留下不易消失的印記啊！

開墾大腦中的荒野
～成長經驗決定你的教養模式～

看著爸媽的背影從直挺到彎腰，孩子要懂得感恩，爸媽則要負起建立孩子正確觀念的責任！

懂得體會愛和幸福的人，他的心靈不僅富有，還樂於分享。因此當我們有能力時，必須回饋社會，願意將自己所擁有的東西與更多人共享，如此便不會永無止境地追求金錢、名利而不知滿足！

小時候的家，就位在東台灣山腳下的田埂中間，周圍環繞著美麗的稻田，後依山、前傍海，那地方被賦予一個很美的名字，叫做「花蓮」，具有「景色美如水中蓮花」的含意。這令旅人身心寧靜

之處，在現今如此繁華進步的台灣，依舊是世人眼裡最珍貴的人間淨土。

四、五十年前，我所成長的房子，就蓋在一片荒涼的黑泥土上。若站在田野中環顧四周，眼前所及的廣大良田，都是父母親一手開墾出來的；稻田盡頭旁的石牆，則是當年他們從這片土地下所挖出來的石塊堆疊而成。

父親背影讓我懂得珍惜

記憶中，對於父親長年辛勤耕作的情景尤為感觸，即使經過幾十年了，夜深人靜時，腦裡還是會浮現一些片斷畫面，依稀記得父親穿著汗衫在田裡彎腰工作的身影……。也因為腦海中經常出現的這些影像，讓我更珍惜眼前所擁有的一切，尤其當我走向創業這條路時……

沒有人可以保證創業一定成功，而企業經營的過程也不可能全然順遂，朋友問我：「為什麼還要堅持創業這條辛苦的道路？」

這是因為我清楚從父母腳踏實地的辛勤工作中了解，良田或許可以換來衣食無缺，但是這樣的金錢和財富可以維持多久呢？

常聽人家說：「富不過三代。」太容易取得的，往往不懂得珍惜。因此，我會與妻子、兩個兒子不時地分享他們未曾見過的爺爺，關於當年他隨著軍旅越過台灣海峽，在一個陌生環境成家立業、辛苦開墾的點點滴滴……

而在都市中長大的妻子和兒子，臉上總會出現難以置信的表情，我想他們永遠無法體會我小時候所經歷的十分之一，但相較於

我個人的成長環境與父親當時動盪的年少時代來說，又顯得安逸、穩定許多，這也從中讓我感受到知足與惜福，並希望藉由自己與父親的經驗，讓兒子對現有的物質、環境與其所得，懂得感恩和分享。

父親不善於表達自己的情感，只記得他時常告誡子女們要有「一分耕耘、一分收穫」的觀念，做人要腳踏實地⋯⋯等等，這些話都是為人處事的基本道理，即便只是簡單的隻字片語卻相當重要。

與孩子單獨相處的時光

這些年，兩個兒子漸漸長大了，我喜歡抽出一些時間和孩子單獨相處，一起談天說地；與孩子分享很多故事，沒有嘮叨或訓誡，更不會有壓力的感受，只是單純擁有我們親子共處的寶貴時光。

我是個平凡的爸爸，想留給兒子一輩子的「富足」，並非給予他們金錢、物質上的無止盡支援，而是實質物品也不能取代的正確觀念與價值觀。

我常跟兒子說：「每個人出生之後都會受到爸媽的照顧，但長大則必須懂得學習獨立。所以，我們要隨時感恩自己擁有的一切，包括別人給我們的照顧和關心，都是充實我們生活的無形財富。」

懂得體會愛和幸福的人，他的心靈不僅富有，還樂於分享。因此我們應經常傳遞孩子一項觀念，當他有能力後，必須將其回饋於社會，只要願意將自己所擁有的東西與更多人共享，就不會永無止境地追求金錢、名利而不知滿足！

由於每個人都有各自的成長經驗，因此面對相同事物時，其反應也會不同。根據許多研究發現，大腦中的記憶能力，對情緒的感受最深。所以父母最早給孩子的印象，不僅會影響他們對處事態度的形成，更是建立未來價值觀的重要指標。

單爸教養手記

❀ 爸媽再忙也要和孩子說說話，雖然視訊科技發達，但面對面的相處更能提升你與孩子的親密度。

❀ 讓孩子親眼看到父母的辛勞，可激發他們的進取之心；此外，讓孩子透過自己的身體去感受各種經驗，更可使他們印象深刻。

❀ 假使父母想要教養出有耐力和毅力的孩子，應經常讓他們看到爸媽努力工作的過程，而不是只會坐享他人努力的成果。若將孩子一直放在衣食無虞的環境，他們便無法體會缺少或不足的感覺，也就更不會有動力去提升生活品質。

長大的願望
～欣賞孩子與自己不同的優點～

爸媽，別讓自身經驗套住孩子，請尊重他們各別的獨有特質！

很多聰明的孩子喜歡自己找問題，甚至有些還會天馬行空到令人莞爾，但也許他們並沒真的想從大人那裡得到正確答案；如果爸媽能夠忍住不講，讓孩子們自己去摸索、發現，最後他們將會擁有更大的收穫和成就感。

父母對每個孩子都有一份期許，經常遇到許多父母以自認為最好的方法愛孩子，但孩子卻不領情，因而造成兩代之間的壓力。其

實，孩子都有天生的優勢能力，即便子女是父母倆愛的結晶，但其氣質、能力各有所異，故爸媽在溝通與態度上也必須有所調整。

雞肉攤的啟發

小兒子珩奕曾經說過，他長大以後想當醫生，我問他：「當醫生要幫病人打針、開刀，在急診室還要處理因意外而出現的大量失血，這些你都不害怕嗎？」

他一派輕鬆地回答：「我想應該可以吧！當醫生就是要幫助別人，而且流血就必須想辦法處理啊！有什麼好怕的……」

近十年來，我經歷了數百場大大小小的演講或座談活動，其實只有一個單純的念頭──真心希望有更多的爸爸媽媽，能多花一點點的時間去認識和了解自己的孩子，並且在他需要我們的時候，能客觀開明地引領他們到正確方向。

還記得一個星期天的早晨，突然心血來潮地想下廚做菜，打算去傳統市場找些新鮮食材。在那兒，充滿著生氣蓬勃的氛圍，頗有一番親切感，但每次經過現宰雞肉攤，總會不自覺地加快腳步，除非必要，否則不會靠近，因為我實在不喜歡看到鮮血淋漓的場面。

突然，我想起珩奕長大後要當醫生救人的偉大志向，心中忍不住冒出一個疑問：「難道兒子真的比爸爸勇敢？他真的不怕嗎？」於是，我計劃帶孩子去傳統市場，看老闆「殺雞」的畫面，測試他的膽子是否真的比我大！

因此，當我陪著小兒子到雞肉攤時，勉強穩定自己的情緒，將眼光移到他的臉上，沒想到小小年紀的珩奕竟然十分認真地觀察老

闆分解雞隻的動作。

　　想必兒子是仔細研究了攤子上陳列的分類肉品以及「雞」隻的骨骼構造吧！回家後，便聽到他跟哥哥說：「哥，早上爸帶我去菜市場，那位賣雞肉的老闆超酷的，整隻雞有這麼大耶！」兒子還用雙手誇張比劃著。

　　「那老闆動作俐落，才三兩下就輕鬆分解了每個部位……雞腿啦、雞骨啦……都能分好賣給人家，實在好強唷！」

　　「那你知道人的骨頭和雞有什麼不一樣嗎？」哥哥面帶驕傲地挑戰弟弟，臉上表情很明顯地知道弟弟不會，正好給對自然科學特別感興趣的哥哥發表高見。

　　而接連好幾天的晚上，我還能經常聽到兩兄弟熱烈討論「人的全身有多少塊骨頭」等相關話題。在那段熱衷「研究人體」的日子，兒子老愛提些奇怪的問題考大家，但根本還沒等我或媽媽回答，兄弟倆又會出題互考，接著迅速分頭鑽研答案！

　　那天上午，我刻意找小兒子去菜市場，只是想證明一下自己看了覺得不舒服的畫面，對兒子來說反倒新奇。其實，當孩子有了感興趣的事物，就會自動自發地投入較多時間去研究，而這些經驗也許可能成為他們未來發展事業的機會，所以爸媽應正面看待並給予支持。

孩子是個天生探險家

　　從兒子身上，我充分體會到：「很多聰明的孩子其實喜歡自己找問題，甚至有些還會天馬行空到令人莞爾，但他們或許並不是真

的想從大人那裡得到正確答案；如果爸媽能夠忍住不講，讓孩子們自己去摸索、發現，最後孩子將會擁有更大的收穫和成就感。」

　　對於兒子長大後究竟要做什麼？我一點也不擔心。因為我知道，只要培育孩子具備樂觀學習的態度和解決問題的能力，將來有一天，他們一定可以勇敢而明智地去選擇屬於自己的道路。

單爸教養手記

🍀 我們學習某件事會感到愉快，多半是體會到操作自如的成就感，但其過程不可能只有快樂，因任何學習都必須經過單調的重複練習，才能從不熟悉變成熟練，內化成屬於自己的能力。

🍀 父母下班後，有時也可以和孩子談談近來工作上的心情，用簡單易懂的方式，將職場上的成果、感動和辛苦壓力等狀況表達給孩子聽。即便孩子年紀小，不能全然體會，但是讓他們知道爸媽工作也同樣會經歷挫折，將是孩子看見爸媽解決問題、突破難關的最好榜樣。

讓孩子「多說話」
～學習做個勇於表達的人～

沒有不會說話的孩子,只有不給孩子說的機會!

　　希望孩子在沒有壓力下表達想法並不難,只要當孩子說話時,爸媽不要過度批判或下評論,也不要中途打斷他們,讓孩子放心把話說完而不必擔心自己說錯被取笑或受到責備,那麼就是達到支持孩子「多說話」的第一步。

　　我並非天生在大庭廣眾下就能侃侃而談,認真回想自己第一次獨自完成的「銷售經歷」,那應該是在我七、八歲的時候吧!這段

故事，將會在下一單元詳細描述。

　　在我從事這十多年的兒童教育過程裡，不斷接收到後天教育的刺激能開發孩子未知潛能的相關說法。的確，以我自身經驗來看，「環境」帶給我的衝擊，讓我從一個不敢說話的小毛頭變成現今面對上百人演說也不會怯場的講師。這中間發生的深刻經歷，除了母親給我的影響外，後續單元還會提到國中老師啟發我表達的能力等，種種環境教育的驅使，扭轉了我不善言詞、內向害羞的個性。

 ## 給孩子說話的機會

　　我經常鼓勵年輕的孩子們：「有話要說，勇於表達自己的想法！」

　　口語表達能力是未來社會所應具備的必要競爭力，我深知這對個性內向的孩子來說，是一個很困難的挑戰。尤其害羞的孩子若沒有在眾人前說話的機會，長大後想在公開場合談話、發表會較為困難，且意願不高。所以，爸媽必須鼓勵不好意思開口的孩子們盡量多說，並給予他們適當的時機和安全的環境來練習。

　　然而，有些孩子不是不會講，只是挑人說。最常聽到父母抱怨自己的孩子不愛和爸媽講話，有位媽媽曾說：「我家女兒很奇怪，每次問她十句也得不到一句回答，但是聽她和同學講電話就可以知無不言，對待家人和朋友的方式簡直是判若兩人！這是怎麼回事？」

　　我想會發生孩子越大越不想和爸媽說話的情況，多半與兩代之間的相處習慣有關，這很可能只是親子間的溝通方式沒有搭上線，

並非孩子真的不想和爸媽講話。其實，每個孩子都需要父母的關愛；同樣地，孩子也需要被別人的重視。

 愛要勇敢說出來

平心而論，我們身處在忙碌的現代社會中，生活步調也不斷加快，爸媽和孩子相處的時間並不多，聊天的話題當然也就難以延續。

試想一下，如果爸媽和孩子彼此間的熟悉度不足，即便好不容易聚在一起，肯定也要花點時間打破僵局，想想這場面會有多麼尷尬！難怪很多人對於參加家庭活動都會出現恐懼，或總是想找理由避開。

但這其實是一個因果循環，如果我們平時不與孩子聊天、溝通，當想關心孩子時，他們也會認為父母不了解情況而不知從何說起，因此爸媽必須先建立起與孩子的相處模式，才能讓親子溝通更順暢。

希望孩子在沒有壓力下表達想法並不難，只要在孩子說話時，爸媽不要過度批判或下評論，也不要中途打斷他們，讓孩子放心把話說完而不必擔心自己說錯被取笑或受到責備，那麼就是達到支持孩子「多說話」的第一步。

此外，爸媽在孩子年紀小時經常擁抱他們，以肢體碰觸表達對孩子的疼愛；但孩子長大後，許多父母卻反而不好意思對他們說出自己的關心，甚至不經意忽略了孩子對「愛」的需求，我想這是爸媽們必須重新練習的課題——將我們心中的愛，隨時隨地勇敢說出來！

單爸教養手記

🍀 大腦的可塑性很強，孩子的特質約有一半是來自父母的先天遺傳，但最重要的依然是成長家庭和環境社會所提供的經驗與練習。

突破自我能力的極限
～多看聽學，才會臨機應變～

孩子能力大無限，爸媽請給他們施展長才的機會！

我們要對每個孩子充滿希望，用心發現專屬於他們自己的優勢能力。而爸爸媽媽，則是孩子一生最重要的學習和模仿對象。

小華常喊「無聊」，老師拿出任何新教具總會聽到他說：「有什麼好玩的？」嘴裡這麼說，但他眼睛總盯著別人，有經驗的老師發現：只要忽略抱怨詞，先看別人後再邀請加入，小孩多半不會拒絕。但爸媽若聽到孩子說「不好」通常都會中斷教養或堅持指導，

如此很有可能會錯失良機！

　　我很能體會他們的想法，成人若要改變長期以來的習慣，需要極大的勇氣和毅力，因為大人已經住慣自己的舒適圈，要做自己沒嘗試過的事，必須先說服自己，所以大人不容易改變。但是孩子可不一樣，若爸媽能給予他們不同的經驗與刺激，將能激發他們的潛力，尤其年紀越小的孩子，可塑性越大！

媽媽的創意生機

　　努力不一定會成功，但想成功一定要努力。

　　父親過世多年了，記憶中從軍人轉變為農人的父親是個認真、嚴謹、話不多的爸爸。三十多年前，東台灣那兒的農耕技術還很落後，農夫是「靠天吃飯」的，因此爸爸所種的稻子收成並不穩定。曾聽母親提起，有時老爸常常辛苦了一整年，但在付了田租以後，剩下的錢還不夠供應家裡六、七個孩子的生活開銷，所以只有認真努力似乎還不夠，搭配一點創意的火花才能減輕生活壓力。

　　生機，往往存在於最堅硬的土地下，而泥土下的種子總要奮力竄出才能享受陽光的洗禮。

　　父親勤奮開墾之後所插下的秧苗，也需要持續地辛勤灌溉、除草、防蟲才能期待豐收，但外人實在無法想像種植農作物所需經歷的繁瑣步驟和風險。最難熬的是，即便全家大小動員起來努力照料，也無法立刻看到成效，我們必須經過長時間的等待才能知道今年的收穫量。因此，天性樂觀的媽媽為了補給家中經濟，避免「收穫不確定」的因素影響生活開支，毅然決定開啟她的「事業」！

剛開始，媽媽騎著腳踏車，載著自己種出來的番茄和青椒拿到市場販賣，這才發現原來直接賣給客人可以賺更多的錢。對我們家的經濟來說，真是減輕不少負擔。這時，聰明的媽媽又想到了另一個點子，她決定載更多的蔬果去向市場其他攤販交換物品，如此一來，就有更多種類的商品可以銷售。並且，等市場這裡的菜賣完後，她又會騎著腳踏車，到山坡上的社區沿街叫賣。

　　三、四十年前，在那物質普遍缺乏的艱苦環境裡，母親堅強的毅力和靈活的頭腦，使生意變得越來越好，並獲得許多鄰居們的支持和信賴。漸漸地，媽媽銷售的項目更多元化了，甚至還有幫人到市場代購商品的服務。

　　為了不使老主顧失望，母親總會在客人約定的時間內，將預訂的蔬菜送達。有時爸爸田裡的工作需要人手協助，或媽媽因為生病而無法到市場賣菜，便會指派我這個內向的兒子幫忙。由於當時冰箱尚未普及，剛採下的新鮮蔬果必須在期限內賣完，所以即使我再怎麼不敢與人說話，還是得硬著頭皮完成媽媽交代的任務！

　　還記得第一次賣菜的那一天，當時只有七、八歲，我獨自守在攤位前，內心很是害怕，心中反覆默念著媽媽交待的蔬菜價格，深怕忘記。在第一位客人上來詢問前，我還緊張到無法呼吸，害羞和不安全感更逐漸擴大。

　　「希望今天沒有客人上門……」、「最好一個客人都沒有！」雖然焦慮的感覺充滿內心，但卻又帶了一絲小試身手的期待。

　　或許是只有一個小孩守在攤位前，看起來很特別吧！不少長輩們前來攤位詢問，依稀記得害羞的我終於鼓起勇氣，向他們介紹家

中剛採收的新鮮蔬菜。

「阿姨，今天的菜很新鮮唷！買兩把送一把。」不知不覺中，我竟脫口而出媽媽平時促銷所說的話。

那時開張還不到三十分鐘，我就完成了人生第一筆生意。此後，客人接二連三地上門，只記得自己突然開始忙著秤菜、找零錢和回答婆婆媽媽們的問題，根本沒有時間擔心和害怕……

第一次掌管媽媽的攤位，我感到很新奇，小小年紀不但要熟記菜名和價錢，還要懂得「秤斤論兩」不能算錯，而剛學會的簡單加法也能真實運用在算帳上。但這過程一點都不能馬虎，因為那些勤儉持家的婆婆媽媽們，個個都是殺價高手呢！

 ## 每個孩子都能突破自我

回想那段經驗，我知道臨時的反應並非憑空而來，這是從小看著媽媽與客人的應對、互動，讓腦袋裡留下了深刻印象的緣故，因此當遇到類似狀況時，就能自然而然表現出來。

可是時代終究不一樣，孩子現今的生活經驗與以往大不相同。我想起曾在演講時問過爸媽：「多大年紀的孩子能夠自己去商店買東西？」

住台北的爸爸說：「我想可能要小學以後才會放心，因為路上車太多了。」

但也有孩子上了五年級的媽媽表示，至今還沒有嘗試讓孩子自己一個人到巷口的便利商店買東西。

想起自己小時候的經驗，其中給我的最大啟發就是每一位小孩

都能化不可能為可能。因而使我能更安心地放手讓孩子做事。並且，我深深地相信：「孩子有能力讓自己變得更棒，只是大人有無提供足夠的練習機會而已！」

事實上，連我自己都很難想像，當年曾被數學老師趕出教室、不愛講話的我，有一天竟然會站在數百人的演講會場上，與老師、父母們分享故事！

「環境可以改變一個人先天的個性」，這可是千真萬確！

個性嚴謹的父親曾告訴我：「做人處事一定要守信用、堅持與負責任。」

而母親則以她的身教，展現樂觀面對壓力的積極心態，她提醒我必須保持靈活的頭腦，做生意要熱情服務客戶，並對他們所買的東西負起售後服務的責任。

我們要對每個孩子充滿希望，用心發掘專屬於他們的優勢能力。而爸爸媽媽，則永遠是孩子一生最重要的學習和模仿對象。

單爸教養手記

🍀 不要害怕讓孩子吃苦，唯有吃過苦的孩子才能更堅強；尤其在現今物資充裕的時代裡，要讓孩子感受匱乏，爸媽反而必須特別營造。例如當孩子雙手有能力操作工具時，你可以讓他練習做家事，或像是指導大班孩子削水果、自己洗澡或掃地等。

🍀 每個人都有自己的優點，就連爸爸和媽媽也有專屬的強項。這就好比我們家的弟弟，數學和寫作能力很好，哥哥在自然和繪畫方面則較強，因此爸媽要引導孩子發揮自己亟待開發的潛能。

原來我不是笨小孩
～發現孩子亮點，揮灑潛能～

孩子能力大無限，爸媽請給他們施展的機會，並加以鼓勵！

孩子反應慢多半不是故意的，請耐心找出原因，了解孩子是「只有聽到」還是「聽懂」了？假使他聽不懂，爸媽也別發脾氣，應冷靜尋找根源，才能提供最適當的協助。

在高中獲選為培訓運動員之前，我曾經誤以為自己不聰明，甚至一度懷疑：「難道我比較笨嗎？為什麼上數學課就是聽不懂？」

其實，每個孩子都是可造之材，端看父母能否了解孩子的個性

與學習能力來因材施教。我很慶幸自己三十年前成為射箭選手的寶貴經歷，拓寬了我的成長歷程。

大兒子珩嘉今年就要上高中了，我和兒子有時會相約騎一整天的腳踏車，一起攀登有七、八十度斜坡的岩壁，然後一同站在高山上欣賞遠方美景，暢談著屬於我們父子之間的話題，像是學校生活、同學相處、課業學習……等，但數學我始終較少接觸，並且自從孩子進入小學起，兩個兒子的數學功課就全由媽媽負責。

身為企業負責人的我，每天必須面對財務報告，而數字自然是我工作中很重要的部分。但說來奇怪，我就是不敢教兒子數學作業，因為潛意識裡總擔心：「不知道自己會不會教錯了！」

 ## 打開孩子的學習之門

我還記得，自己曾被數學老師趕到操場，不准進教室上課的情景，那真是至今難以忘懷的羞愧：

小時候，爸爸媽媽忙於田裡或市場工作，年長我多歲的姐姐們也沒有時間陪我玩或做功課，所以學習過程完全得靠自己一個人摸索，老師教的內容，懂的就記住，聽不懂的則永遠不了解。

但我總是個順從聽話的孩子，只是反應不快，老師問問題時，從來不會主動回答。由於當時的花蓮幾乎沒有補習班，因此不會的課題我只有跳過，也不敢問老師問題。

還記得某一天的數學課，老師一如往常地在黑板上寫下密密麻麻的計算題。

「等一下不要問我……」心中的不安情緒逐漸擴大，混亂地就

像教室外的蟬鳴聲煩擾人心。

　　我很想學好數學，但對於黑板上的數字就是沒輒。這時，我一直擔心的事卻發生了。老師突然叫了我的名字，並問我問題，頓時我腦筋一片空白，因為反應不及的我，壓根兒就沒聽清楚老師說的話。

　　「給我站起來，上課不專心，你這是什麼學習態度！」

　　回神過來的那一刻，數學老師正站在我的面前大聲斥喝，我直覺性地從椅子上彈跳起來；說時遲，那時快，幾乎就在同一瞬間，老師往我左臉頰上留下了一個深深的印記。一時之間，我眼冒金星、一頭霧水……

　　小小年紀的我實在不知道，為什麼自己聽不懂老師所教的內容，我也很想仔細專心地聽啊……可是，我真的「聽不懂」！有誰可以想像一個孩子被老師逐出教室外後，在操場上無助奔跑的心情？這真是沉重無比……

　　「我很笨嗎？為什麼我就是不會？」獨自在外，漫無目的地跑了許久，就是無法想通這個問題。在小學畢業前，有好長一段時間，比起上數學課，我更喜歡一個人在田野間遊蕩。

孩子只是欠缺機會發揮

　　直到三十多年後，因為工作的機緣，得以與教學研究團隊裡的專家們一起研究大腦學習的專業理論，這時我才終於釋懷：「啊！原來我不是笨小孩，只不過是小時候的某一塊學習能力需要更多的協助。」

自此以後，我一直希望爸爸媽媽或老師們，都可以學會冷靜分析每位孩子所面臨的學習狀況，然後進一步給予孩子合宜的教育方式。不要再有孩子像我當年一樣，被趕出學習之門！

單爸教養手記

孩子反應慢多半不是故意的，請耐心找出原因，了解孩子是「只有聽到」或「聽懂」了？假使他聽不懂，爸媽也別發脾氣，應冷靜尋找根源，才能提供最適當的協助。舉例來說，爸媽叫孩子做事，如果發現他沒有馬上反應，請不要負面解釋孩子是「不用心」或「不在乎」。我們應想想孩子會不會沒聽懂？由於小學低年級以前的孩子所學詞彙不多，因此他們常會有聽不懂的情形發生。

另外，有些孩子則是反應較慢，沒有在大人期望的時間內做出行動，或是聽了而不知該如何執行……。這時，爸媽可以先仔細觀察孩子的行為，然後再適時指導他們，才不至於因誤解而責罵孩子，使其對學習產生反感。

奧運場外走一回
～挫折，是孩子成長的維他命～

挫折與挑戰，是孩子成長的催化劑，但前提是
爸媽應成為孩子心靈上的避風港！

人生總有高低起伏，在孩子還小時若能讓他們面臨挫折與失敗，擁有磨鍊自身能力後重新站起的經歷，對其人生旅途來說，確實是一種幸福！

孩子的成長過程總會起起伏伏，當他們面臨挫折和挑戰時，家庭是最重要的情感支撐。爸媽必須在此過程中，不斷鼓勵和支持他們，讓孩子在面對挫敗時，有個安全停靠的避風港。然而，在安慰

之餘，爸媽也必須鼓勵孩子重新振作，走出感傷，使自己變得更好！

我曾經在年少時立下偉大目標——希望在一九八八年的漢城奧運，拿下一面獎牌為國爭光。這是我長久以來，不輕易向旁人提起的「豪情壯志」。

每年我在新聞媒體上，看見有關射箭運動的相關訊息時，就會想起當年的情景。因為那段日子開啟我不同於以往課業上的學習經歷，對我日後面對各種人、事、物的態度有著重要影響。

現在，大兒子準備考高中了，有時會與我聊到關於他自己的興趣，這才使我想起高中時，自己都在做些什麼？但很奇妙地，在我憶起那段頗具高潮迭起的年少歲月時，已經沒有強烈的負面感受。相反地，還會有一種幸虧經歷過的感恩和懷念。

這其實不是祕密的陳年往事，如今也能勇敢說出來與大家分享了！

 ## 射箭，展開不同以往的新生活

年輕時，經歷了超過四年半的運動員生涯，這可說是一段磨鍊心智和毅力的辛苦過程，而謝宏德教練更是引領我展開不同於以往生活的生命導師。

從小到大，我都生長在花蓮的農村，是個平凡人家的孩子，在學校讀書更沒有獲得任何成就感，從來沒想過自己的未來是什麼，更別說有任何遠大的志向。

直到高中一年級，熱心推動射箭運動的謝教練研擬了一套選手

培訓計劃，我竟意外被班上指派到隊上參加訓練，個性單純的我沒有太多懷疑或反對，下課後就去報到，也因此進入了射箭隊。

我聽從教練的指導，每天努力練習，射箭技術也慢慢有了進步，甚至還得到學習以外的成就感。原本不知人生方向的我，還因此看到未來的目標。

高中時期的那幾年，我隨著射箭隊南征北討，踏遍台灣許多城鄉……那時所接觸到的人事物，都和過往經驗不大相同，也因此讓生活擴展出全新樣貌。

 ## 初嘗人生挫敗

為了接受國家運動選手培訓，我必須離開花蓮，長期住在高雄左營的訓練中心，當時父母親再一次告訴我必須懂得惜福和感恩。因如此難得寶貴的學習機會，全是遇到貴人提攜，才能讓我享受國家免費的資助以獲得充足的資源來練習，甚至還能接受國際級教練的栽培，讓我更珍惜這個機會，促使我每次都必須做到最好。

年少的我，從平凡樸實的鄉下飛到了國際奧運的培訓場上，卻在我還未達成目標之前，慘遭人生最大的挫敗。

國家代表隊選拔賽尚未開始，負責指導我們的專業美籍教練，卻被突然換走！一時之間，必須被迫接受另一個教練的指導方式，修改熟悉而順暢的射箭姿勢，內心的「無所適從」和不安全感，將原本的好成績給活生生地拉了下來。

正當我面臨了運動生涯中最大的挫折和服兵役的雙重壓力時，家人依然以堅定的態度鼓勵我：「不要因一時的失志而喪氣，也不

要太早限制了自己未來的發展，因為人生的道路不會只有一條，而成功的機會更不是只有一次！」

 ## 跨越隱形的障礙

我很認同「挫折可以讓人成長」這句話，因為我自己就親身體會過。

由於自己曾是歷經多次比賽的運動選手，就在我失去代表國家參加奧運比賽培訓資格的那段期間，我一度以為自己的人生會從此暗淡無光……

一直到入伍後的前半年，我還是帶著不甘及失落的心情過日子，雖然人在軍中，卻一心一意地對射箭充滿嚮往。

可能心還在射箭場上吧！每到放假時，總會不知不覺地回到左營的培訓中心。直到半年後的某一天，我決心讓自己學習「放下」，並堅定地告訴自己：「我要讓一切重頭開始！」

《聖經》說：「當上帝關起了一扇門，必會再為你開啟另一扇窗！」

回想起那段年輕時的日子，真要感激家人、朋友們的關懷，就在我重新調整心情之後，也結交了更多軍中的新朋友，而當兵期間所建立的深刻友情，即使在我們成家立業之後也都還繼續保持聯繫。

而如今我會走向兒童教育領域，也是史料未及之事。但因著家人的鼓勵，我才能勇敢地學習和探索，為孩子的不可能創造可能。

人生總有高低起伏，在孩子還小時若能讓他們面臨挫折與失

敗，擁有磨鍊自身能力後重新站起的經歷，對其人生旅途來說，確實是一種幸福！

🍀 生活中很可能會遇到不如意的事而耽誤了原本的計劃，爸媽應教導孩子面臨突發狀況時的處理方式，不要因為挫敗而全盤推翻先前所做的努力。

握住連接靶心的隱形線
～目標，就在孩子的眼前～

讓孩子追尋自己的目標，並且反覆專注地練
習，鼓勵孩子勇往直前！

人生有時會看不清楚具體的目標，也不知道自己和目標之間的距離有多麼遙遠，但我還是相信要把握每個機會全力以赴。就如同教練告訴過我，必須緊緊握住連接靶心的隱形線一樣，絕對不可以放棄而鬆開雙手。

我常看到爸媽成天忙著接送小孩學各種才藝，試圖想幫孩子找到興趣培養專長。

但說也奇怪，大部分的孩子似乎只學到皮毛而沒有深入精化能力，使得親子間為此出現爭吵。就在爸媽還沒決定是否繼續補習以前，原本可用來相處互動的時間，在不知不覺中便浪費掉了！

目標具象化

還記得在高雄左營的國家運動員培訓中心接受射箭國手的訓練期間，美籍教練（Hardy Ward）曾跟我說：「你要相信靶心和自己中間有一條看不見但確實存在的線。」

我將這句話牢記在心裡，每次上場比賽前，總會想起教練所說的話，當下耳朵就會自動隔絕外界的嘈雜聲，專注瞄準遠方的靶心，相信自己手上緊握的箭真有一條隱形的線和靶心相連……。每當我這麼想時，果然就會不偏不倚地正中目標。

在培訓的這段期間，我和射箭隊的學長姐們走遍台灣各縣市的賽場。在陌生環境裡，不僅要面對各地最強的代表選手及無數觀望賽事的陌生面孔，還必須用最短的時間調整出良好的適應能力，專心投入在每次的比賽。

「專注」做好每一個基本功

多數成功者之所以有如此成就，通常都會針對某一件事進行長時間的反覆訓練。然而，在專注練習時，除了本身要有很好的穩定性外，因不能受外界的干擾，所以同時也考驗著個人的意志力。

對於十六歲的青年而言，突然從單純、平淡的成長環境，轉換

到進步繁華的都市時，因到處充滿新鮮刺激的物質誘惑，所以心性未定的人很容易陷入迷網。

每當比賽結束後，教練會帶著我們到處看看，讓我們放鬆休息，更是增長見聞。甚至他也會帶我們去不同的餐廳吃飯，諸如像是吃西餐的用餐順序等全新體驗，總讓我興奮無比，直到現在仍印象深刻。

相較之下，每天單調繁重的體能與耐力操練，實在很乏味！可是隊友們都知道，我們只能認真地聽從教練指導讓技術更精熟，以爭取到最好的全國名次，才有機會考上好大學。

在三十年前，台灣的教育尚未普及，大家都認為去繁華的台北升學，成功機會等於又比別人多了一些，甚至能擁有更好的優質生活。

但我的學業成績不夠好，因此若能得到好名次就有上大學的機會，這對年紀輕輕的我來說，無疑是出人頭地的希望。所以，內心浮現了強烈的趨進力，促使著我必須堅強，相信自己可以做到。默默地，我開始握緊了手上那條隱形的線……

「相信」自己可以達到目標

我一直深信，努力可以達到目標，只是在奧運選拔賽的前一段時間，因教練突然更換，以致於成績不佳而落選。這個重大打擊讓我陷入極度的茫然，不但對自己的能力感到懷疑，更覺得所有努力都失去了意義。

在決定入伍當兵到進入職場上的前一年，我歷經無數難關和摸

索，在那段不確定期，我依然相信教練說過的話：「抱持正面的態度與相信自己，要想像自己和目標中間有一條看不見的線，那就是希望。」

人生有時會看不清楚具體的目標，也不知道自己和目標之間的距離有多麼遙遠，但我還是相信要把握每個機會全力以赴。就如同教練告訴過我，必須緊緊握住連接靶心的隱形線一樣，絕對不可以放棄而鬆開雙手。

現在，我也將這句話，獻給我的兩位兒子以及天下孩子們，希望大家對於目標的追尋永不放棄！

單爸教養手記

🍀 孩子的專注時間將隨著年齡而增加，一般來說，小學生最多只能維持40分鐘的高品質。爸媽若強迫孩子乖乖坐好，規定孩子：「全部完成才可以動！」通常獲得的效果有限，即便遊戲再好玩也將成為負擔；最好的方式是間隔20～30分鐘稍作休息，等孩子恢復精神後再繼續。

爸媽都沒錯
～想得角度不一樣～

男女教養大不同，只是因為大腦結構各異，但終歸一句「我們都是愛孩子」的！

夫妻在教養子女時，想法和意見不同是很常見的，有人會為此爭論不休，也有人乾脆不說卻自己生悶氣……，但如果教養觀念長期累積著差異性而缺少溝通，很可能會影響到家人的相處氣氛。

在家庭中，常會出現爸媽教養想法和思考重點不同的狀況，但其實雙方都沒錯，因父母想法不一致和男女大腦運作不一樣有關。當然，這在教導男孩和女孩的原則上也是相通的。

爸爸理性腦與媽媽感性腦

珩奕從小學六年級開始，每星期六會固定參加校外的英文補習。就在某一週的禮拜六，我和他約好下課回家後一塊兒去打球。

那天，快接近兒子的下課時間，天空突然烏雲密布，沒多久就下起雨來。媽媽問我：「有空嗎？要不要去接兒子？外面下雨了。」

「沒關係，兒子自己有傘，剛才出門前已經提醒他自己搭公車回來，今天下午我沒安排工作，可以等他回來！」我說。

「可是他自己坐車回來要換兩班公車，下雨天不方便，可能要花將近一個小時才能到家耶！」媽媽還是不放心地繼續說。

「兒子這麼大了，換兩班公車回來有什麼問題！我們下午打球又不趕時間，媽媽妳安心休息吧！外面下雨，妳不要再開車出門了。」我話都還沒講完，妻子起身準備去拿車鑰匙，看來她不想說服我，打算自己開車去接孩子。

我沒再阻止她，可是當下卻很不開心。說實在的，我們家和補習班的距離，如果開車來回只要花二十分鐘，若真有必要接孩子，我也願意幫忙，但為什麼要這麼累呢？況且下雨天還可以讓孩子在自行搭公車的過程中，了解媽媽平日接送的方便與舒適性，進而建立起感恩的態度。

但女性的同理心很強，媽媽因下雨天麻煩，不想讓孩子在雨天等公車，所以還是自己辛苦開車去接兒子……

我該怪媽媽心軟或太寵孩子嗎？但她的用意是好的，真是一個認真的好媽媽！想到這兒，我也不忍心再責怪她了。

「該不該接孩子」這種小事，媽媽有感性的想法，爸爸有理性的目標，我們兩人的考量與立場都沒錯，只不過是切入的點不同，以致於對相同的事有不一樣的判斷和做法。

多虧這些年理解了有關大腦和情緒的知識，才能很快平撫當下的怒氣。但說到底，我還是一個在生活中，努力學習如何教育孩子的平凡爸爸啊！

其實，我們都是愛孩子

夫妻在教養子女時，想法和意見不同是很常見的，有人會為此爭論不休，也有人乾脆不說卻自己生悶氣⋯⋯，但如果教養觀念長期累積著差異性而缺少溝通，很可能會影響到家人的相處氣氛。

我們必須了解，孩子對照顧者的情緒反應相當敏感，並擁有很強的模仿能力，常在不知不覺中被家庭氣氛影響了心理表現。

而夫妻兩人的教養觀念不同，是因為每個人成長背景和經驗各異，所以在價值觀上便會產生落差。

除此之外，男性腦和女性腦的反應也會因結構不同而有各自表現，大多數男性的左腦比較發達，而女性則是右腦。由於左腦趨向理性判斷、邏輯思考；右腦掌控感性情感和抽象美感方面的能力。所以即便是面對同一件事，男女雙方的處理態度也會有所差異。

我看過不少媽媽常會心軟而捨不得跟孩子說「不」，或認為學校老師教導孩子的方式不佳而感到焦慮不安，她們雖然希望另一半能認同並了解她們的苦心，但常因為得不到回應而感到鬱悶。

可是年輕爸爸們並不清楚妻子為什麼不開心，因在他們的邏輯

裡，「對就是對，不對就是不對」，任何事最好都能條理分明、簡單明白。因此對於妻子過度「感性」的擔心、煩惱孩子，「理性」的爸爸們若沒有與妻子進行溝通是很難意識到的。

夫妻多半是為了愛而結合，養兒育女更是愛的延續。所以在教養棒小孩時，彼此應空出時間平靜討論自己對兒女長大後的期許、教育過程中可能會遇到的問題等等。

甚至，談話時間的選擇也很重要，應在雙方感覺輕鬆時來溝通，且方式除了面對面談話以外，有時也可以試著寫下來，或者分享一篇簡短的好故事……

此外，男人和女人在教育兒女上最大的差別，在於女性較常和別人討論孩子的教養問題。像是我的女性友人便會經常交換心得、分享生活上的喜怒哀樂，甚至包括孩子的學習與各種狀況等。

相反地，男性友人則很少提及自己的感受，除非他真的處在高度壓力的狀態，否則是不會輕易透露自己的情緒，就連從事兒童親子教育工作的我也是如此。

但很有趣地，父子相處時，其實也有類似傾向，意即爸爸極少像母親和孩子般促膝長談。但請媽媽們不要覺得奇怪，因為男人表現父愛的方式，本來就跟女人不太相同。想必很多爸爸和我一樣，雖有很多話想跟孩子說，但卻難以開口。

無論如何，爸爸們依舊要學習與家人抒發你的感受，將你對家庭、孩子的關心、愛，甚至是工作上的成就、挫折等，與他們分享，讓孩子也能學習關心你。

單爸教養手記

爸爸和媽媽能讓孩子學習、模仿的重點不一樣，好的照顧者並沒有性別的區分，孩子可從男性和女性的長輩學習到不同的經驗，進而豐富心靈。

重要節日的卡片

～教孩子愛父母～

讓孩子感謝爸媽的付出，欣然接受孩子對你的關愛！

感恩惜福是做人最基本的道理，我們要持續教導孩子愛惜自己、愛惜家人，並且從家庭拓展到社會，以付出真愛。

從小到大我們所接受的教育，很少會提到應該如何向家人表達情感和謝意。但經由養育子女的機會，我們可以重新學習如何對最親密的家人說出關心！

大部分的父母和學校老師都會教導小孩要友愛同學、主動和別

人打招呼，所以孩子們從上學開始，一直到長大工作，都會把「請」、「謝謝」、「對不起」掛在嘴邊。但是回到家中，對最親密的家人，反而就忽略了這些應有的禮儀和基本問候。

 ## 讓孩子寫卡片給父母

大約在兒子上幼兒園的年紀開始，我會要求孩子在重要節日或媽媽生日時，親手寫張卡片。而他總會花很長的時間、用心地做卡片送給媽媽，並且還會因此興奮不已地跟我分享自己完成的進度。

我們家的媽媽說自己從小就沒有過節的習慣，所以剛開始接到兒子的卡片時，難免會覺得我這個爸爸有點小題大作。但我希望妻子能夠習慣接受孩子們的好意和回饋，而這其實也是需要練習的。

儘管父母對子女的愛，常常是不求回報，但我覺得父母不可以在孩子面前說「你們長大能顧好自己就行了」、「我對孩子沒有太大的期望」這類言詞，因為這種消極話語，很可能會在不知不覺中催眠他們尚未成熟的心智，使其在孩子心中撒下自私和消沉的種子。

 ## 時時懷抱感恩之心

十多年來，我持續要求兩個孩子要記得為媽媽寫卡片，即使我因出國工作無法趕回家，也一定會透過電話或網路視訊提醒兒子這件事。

當時，正值青春期的大兒子珩嘉，也曾經出現小小的抱怨：

「又來了，好麻煩啊……」

　　但我還是堅持兒子一定要跟媽媽表達謝意，不要因為一家人彼此熟悉而輕易忽略。

　　寫卡片給媽媽的背後含意，其實是希望教導孩子懂得感恩，經常回想自己受到他人照顧的相關情景，時時懷抱感謝之心，表達自己真誠的謝意與對父母的愛！

單爸教養手記

🌸 給爸媽的話：感恩惜福是做人最基本的道理，我們要持續教導孩子愛惜自己、愛惜家人，並且從家庭拓展到社會，以付出真愛。

🌸 給天下子女的話：沒有任何一件事的獲得，是生來應得或本來就屬於你的，就算父母給的愛也是一樣，應隨時心懷感恩。

為忙碌的另一半搭座親子橋樑
～別缺席孩子的成長過程～

孩子的問題無論好壞，另一半都有知道的權利，千萬不要「報喜不報憂」！

＊　＊　＊　＊　＊　＊　＊　＊　＊　＊　＊　＊　＊　＊　＊

　　溫馨的家必須依賴每一個人的用心經營，只要存在家人共有的感動和回憶，離家的遊子即便再忙、再累，每當回想起來便會有安定、溫暖的感受。

＊　＊　＊　＊　＊　＊　＊　＊　＊　＊　＊　＊　＊　＊　＊

　　打從大兒子出生後，工作時間似乎越來越不固定，出差離家的

距離更是越來越遠。

　　大約從珩嘉上小學後，就經常在台灣和大陸兩地往返，每每到了出差結束的最後一天，就會滿心期待地想：「真好，明天就能回家了！」

　　家有幼兒的爸爸媽媽常會面臨工作和家庭無法兼顧的兩難，相較起來，我是幸運多了！

　　過去很長一段時間，妻子為了讓我可以專心投入工作，常常一個人擔起照顧兒子的責任，甚至為了每天接送孩子、打理家中大小瑣事，而放棄自己努力多年、熟悉上手且深受主管賞識的工作，默默地隱身在我背後，支持著我一心創業的傻勁。

　　雖然我長年忙於工作，但還是能及時知道兒子在學校或朋友間所發生的事情，維持與兩個兒子的良好互動，這一切都要歸功於妻子的用心。

教養孩子是雙方的責任

　　孩子的情緒養成和價值觀的建立，最早開始於父母或主要照顧者而不是學校老師。特別是教養男孩的過程裡，父親的角色相當重要。

　　自從兩個兒子進入小學後，難免在學校會發生一些特別的狀況，有時可能只是同學之間的小爭執，但也曾經有過兒子向媽媽抱怨老師規定和處罰不合理……等情形。而她總會找時間讓我知道，接著我們再一起商量處理。

　　當然，我們家的媽媽也與大多數愛子心切的母親一樣，如果遇

到孩子受到不公平的對待或糾紛，也會有股衝動想到學校找老師問個明白。

這時候，我通常會先試著讓她冷靜下來，並告訴她最好請孩子自己和同學、老師溝通，讓他們學習遇到難題時，要懂得自己調適心情並找出解決辦法。

千萬別對另一半「報喜不報憂」

在十年來的演講過程中，我遇到各式各樣的教養問題，其中不乏媽媽表示：「以前幼兒園的老師告訴我，兒子上課的配合度不佳，要我留意孩子在家是否也有好動、靜不下來的情況！雖然老師希望我要求孩子上課聽話，但我看他在家看電視時都能坐很久……我想是孩子怕被爸爸罵！所以在家也不敢太頑皮，但我實在看不出孩子有什麼異樣呀！」

類似這種獨自為孩子的教養問題而傷腦筋的大人可真不少，他們通常是希望自己能找到好方法來教孩子，但若遇到老師反應其學習問題時，卻又只會自己煩惱而不敢和另一半提起。

假使遇到忙碌的爸爸問起孩子近況時，擔心、焦慮又無助的媽媽就會拼命幫孩子說好話並隱藏問題，這時照顧者的壓力可想而知，旁人雖為她們心急如焚，但也無計可施。

我問那些媽媽為什麼不找家人或朋友尋求支援，她們共同的擔憂都是不希望別人覺得自己連「教孩子」也做不好。

想必是這些媽媽給自己太大的壓力了。「教孩子」其實是一門大學問，如何當好爸媽不是學校必修課程，所以大人不懂孩子也不

為過。

當我們遇到孩子的行為發生偏差或學習狀況有異時，如果不知道該如何因應，並不是件丟臉的事，只要能在發生的當下，及時調整即可，千萬不要以為孩子小時候的不良習慣或行為，會在長大後突然改變而放任不管，因為孩子的成長就只有這麼一次！

 ## 做另一半與孩子的情感牽線

或許是我從事教育相關的工作，學習到較為客觀的教養態度，所以當妻子與我談起孩子的學校狀況時，並不會有「報喜不報憂」的不對等訊息產生。

她很懂得讓我知道，孩子在哪些方面表現很好、最近對什麼東西感興趣……。也會讓我了解，兒子的哪些行為會讓她生氣，並詢問我該如何處理等。

這些年看到妻子身體力行，更讓我感受到媽媽和老師，是能真實反應孩子學習過程優點和缺點的重要照顧者。因為他們的用心，我才能在第一時間了解孩子處在什麼樣的情緒壓力中，以適時引導他們去正面思考自己的問題並反省，針對不足之處提供適當協助。

子女的教養問題，必須把握當下來解決。而在孩子的成長過程中，將出現許多亟須導正的價值觀和行為習慣，這時若不在問題還小時改善，一旦拖延太久便將根深蒂固。

並且，負責主要照顧孩子的一方，如果可以適時營造親子共通的話題，還可幫助長期忙於工作的另一半增進親子關係！妻子其實就是我和兒子中間的情報交換站，她牽起了我與孩子間的連結，拉

近我們之間的距離，是條相當重要且甜蜜的牽線！

單爸教養手記

🍀 溫馨的家必須依賴每一個人的用心經營，只要存在家人共有的感動和回憶，離家的遊子即便再忙、再累，每當回想起來便會有安定、溫暖的感受。

🍀 平時工作忙碌的爸媽，必須特別空出時間來安排家人團聚。由於每個家庭的生活作息與爸媽的工作有關，假使家長能有固定和孩子相處的時間與活動，即便忙於工作，也能從特定時間的互動中了解孩子。

好漢少提當年勇
～大聊貼近孩子的話題～

我們能陪伴孩子的時間不長，珍惜並參與孩子的生活，將能延長親子關係的保存期限！

爸媽不能隨便忽略或錯過教養小孩的重要時期，就算再忙也要找出時間和孩子、家人說說話，這將是用再多金錢也換不回的美好記憶！

爸媽如果想傳遞某些重要的價值觀，請不要經常拿自己小時候的經驗來談。因為時代不同，環境也在改變，孩子們很難感同身受爸媽以前所經歷的年代。

我喜歡放假時找兒子聊天，但並不會時常和兒子談起小時候或過去的經歷。因為我覺得與其花時間聊往事，不如輕鬆討論發生在孩子身上的事情，或者談談今天父子一起打球的心得……等與孩子相關的話題，如此較能產生共鳴！

別經常對孩子說「想當年……」

許多父母希望藉由自己的親身經驗為孩子做「機會教育」，所以爸媽總會忍不住對他們說：「你們真好命啊！想當年我們可是……吃過很多苦呢！」我個人覺得這樣的溝通方式，效果肯定不太好。

在演講時，我常聽到爸媽問：「已經講過很多次，為什麼孩子還是會犯錯？」這時，腦海中總會不自覺地想起小時候父親對我或姐姐們嚴格訓話的景象。

雖然我不太記得父親當年經常訓誡我們的事件起因，但印象深刻的是，每當爸爸開始講到「你們這些小孩就是沒吃過苦，才不知道現在日子有多好……」這時我的耳朵就會自動關了起來。

不是我沒想過認真聽，而是父親每次都會講以前他還沒來到台灣的事情，那些人、事、時、地、物完全是我們小孩子無法想像的情景，所以我也無法體會父親的感受，更別說了解父親想表達的其中用意了。

要讓聽者和講話的雙方可以達成共識，無法感同身受就不能達到溝通目的。因此，爸媽如果總是重複叨唸著往事，會讓孩子完全無法進入狀況，由於我有過這樣的親身經驗，所以完全可以理解孩

子沒有反應的原因。

 ## 溝通時留意互動

俗話說「雞同鴨講」，就是溝通不良的意思。我們很容易看到說話的人經常講到口沫橫飛，可是聽者卻不能夠記住剛才完整的內容。

舉例來說，大部分的男人聚在一起時，經常會勾起當兵時代那段身體和精神飽受折磨的特別回憶，並總能讓習慣掩藏情緒的男人滔滔不絕地談論起來，但這些內容經常會使身旁的女性朋友們出現莫名其妙的感覺。

然而，有趣的是，男人通常會想藉由軍旅話題來吸引她們的注意，潛意識裡希望自己曾經所受過的磨難，能予人一種可靠感。但實際上，女性朋友多半在這個時候，只會覺得自己沒有受到重視，甚至還有被忽視的感覺。

所以，良好的溝通必須建立在雙方擁有相同感受或類似經驗上。你想要有好人緣，受到大家、孩子的歡迎嗎？那麼就要「好漢少提當年勇」啊！

同樣的道理，爸媽和孩子的對話也一樣。假使話題沒能引起他們的好奇和興趣，不免會引動其防禦機制，當孩子心裡默想：「爸媽說這些老掉牙的話，又想要開始教訓人了吧！」此時爸媽的用心良苦，很可能再次變成「有聽沒到」的耳邊風了。

把握時間做個好爸爸

溝通不在話多，夠有趣就能令人印象深刻。

通常女孩們喜歡天南地北的聊天，但對於男生來說，能聚在一起做沒有壓力、讓自己開心的事情，就很滿足了。

所以爸媽和兒子或女兒相處時，能一起做的事也不太一樣。特別是父母和不同年齡的孩子互動，其所影響孩子的程度也會各有所異，而通常孩子最需要父母教導的那段時間，也是我們為生活打拚的那十多年。

爸媽能夠與孩子培養親密情感的連結時間並不長，在出生後的前三年最重要，並且對於兒童發展上，這更是「親子」建立的互動時期。

而第二個親子互動黃金時期，是三歲到小學低年級之前，孩子的模仿力不但強也最可愛，任何大人都會想逗弄他們。此外，這段時間也是孩子發展自我意識的開始，更是學習與別人相處的重要階段。孩子除了在家玩外，還要增進與其他小朋友的互動，而不能只是在大人建構的保護環境下成長。

當孩子到達國小中高年級的時候，親子關係很有可能會面臨到第一個衝突！因為爸媽開始重視孩子的在校成績，假使孩子表現不如父母預期，親子關係就會出現緊張。

而在國小高年級之後，孩子對朋友和同學關係的重視程度會明顯提升許多。甚至，上了國中的孩子，還會出現寧願對著電腦螢幕聊MSN或在房裡看小說，也不願和爸媽出門玩樂。

所以我們認真算一算，在人生漫長的數十年當中，孩子需要父

母陪伴的時間還真短呢！爸媽可不能隨便忽略或錯過教養棒小孩的這段時期，就算再忙也要找時間和孩子、家人說說話，這將是未來用再多金錢也換不回的美好記憶！

 ## 描繪「爸爸」該有的形象

此外，我還想提醒各位爸媽：「我們不能只是做孩子的朋友，還要有做父母的樣子！當孩子犯錯時，他們最需要父母的指正。雖然在教育孩子行為時會發生衝突，但不要擔心他們不高興或不愛你而不去面對。畢竟孩子一生的發展，端賴父母當下的提醒與糾正。」

那究竟「父親的樣子」又是什麼呢？

我希望自己是個能讓兒子崇拜的爸爸，在和孩子一起打球時可以熱絡地像朋友般，可是當孩子受到委屈或挫折時，會想到找爸爸商討解決辦法。必要時，還要扮演一下鍛鍊孩子堅強毅力的魔鬼教練！

我常想，作為兩位兒子的父親，似乎得隨著孩子當時的需要而變化，所以不可能只有一種固定模式吧！……想到這裡，我突然對於自己在兒子心中的形象感到好奇，究竟他們覺得爸爸是什麼樣子呢？找個機會問問，應該挺有意思的吧！

單爸教養手記

🍀 爸媽和孩子之間，雖要維持輕鬆的互動，但不能在意孩子的情緒就放任其錯誤而沒有規範。

🍀 教養必須包括教育和管理的成分在內，我們要教導棒小孩尊重父母和老師，否則即便成績再好也是枉然。

突然懂事的孩子？
～教養孩子就是管理人性～

教養孩子，是爸媽雙方的責任，唯有態度一致，才能讓孩子有所依循！

在爸媽各自指導孩子的當下，即便雙方意見不符，也應先給予尊重後再溝通，並避免在孩子面前批評對方的管教方式，如此他們才會有依循遵守的方向。

教養孩子就是管理人性。簡單地說，當孩子有良好行為時要立即讚賞，出現偏差行為時則要立即糾正。

在投入相關兒童教育工作多年後，我想鼓勵天下爸媽不要輕易

放棄所有能引導孩子向上提升的機會；並且，千萬不要有「孩子小時候放任不管，有一天他會突然懂事」的天真想法。

試想，當我們遇到從未發生過的困難時，尚且還要學習應變和解決問題，更何況是涉世未深的小孩呢？

了解人性，建立規範

沒有人喜歡被強迫管束，對應到親子溝通上，也是同樣道理。爸媽可依照孩子的年齡和能力設定管和教的標準，再根據孩子的個性來引導他們。

我聽過很多爸媽抱怨自己的孩子很難管教！然而，當我們平心靜氣地將原因抽絲剝繭後會發現，主要原因在於爸媽的教養態度不一致。

有些爸媽是一個扮黑臉，一個扮白臉，在管教嚴格的同時又有另一位大人容易心軟；甚至也有爸媽是因著自己的心情好壞而有不同標準，如大人心情好時，孩子就算違反規定也沒有關係，使得孩子產生了測試爸媽底線的心態，特別是那些反應聰明的小孩，偶爾會試驗一下「今天先不遵守規範，被發現了再找方法補救」的僥倖心理。

如果孩子還未到進入幼兒園的年紀，其行為表現與模仿對象通常和個人感覺有關。由於小小孩的大腦還不能理解大人抽象的道德觀念，所以忍不住犯規也是因為控制能力尚未成熟的關係，這時爸媽不需要生氣或大聲責罵，只要教導他們正確做法即可。但小學以後的孩子，則要建立生活規範，並且爸媽的管教還要有一致性的標

準。

　　在過去十年的親職演講或活動中，我開始發現爸爸參加的比例
有逐年增加的趨勢，甚至還會主動提出孩子的教養問題。這也顯示
年輕一代的爸爸，越來越重視育兒方面的資訊。

單爸教養手記

✿ 在爸媽各自指導孩子的當下，即便雙方意見不符，也避免在孩子
面前批評對方的管教方式，應先給予尊重後再溝通，如此他們才
會有依循遵守的方向。

第2章

幼兒期，
當寶貝最好的家教

零到三歲是大腦發展最快的時機，

也是大腦神經突觸連結最迅速的時刻

但這時候，爸媽別急著塞東西到寶寶的大腦裡……

因其暫時無法吸收抽象的學習，強迫壓抑只會讓爸媽傷神又費力！

唯有讓寶寶看得到、摸得到、聽得到，

善用感覺統整遊戲活化大腦，

才能提高孩子的反應與變通力！

學習當爸爸
～負擔教養的責任～

給予寶寶充分的感覺遊戲刺激，為他的未來建構良好的學習與行為能力！

　　給予嬰幼兒充分的運動和爬行，對於身體各種動作的發展和日後學習的穩定度有關，而非只是單純照顧他的飲食營養和提供充足睡眠即可。

　　第一次在產房外陪產時，我非常的緊張及期待，如同電視劇中的丈夫，一個人在產房外走來走去，放大耳朵聽產房內的一舉一動；每當想到妻子一人要面對未知的狀況，就有說不出的擔心。

那時候對於自己就要當爸爸這件事，沒有太多想像與心理準備。直到親眼見到珩嘉出生的那一刻，我只能想到：「神奇啊！這孩子是我身上的一塊肉！」隨之而來的心情在那一瞬間開始變得複雜，並有一股說不上來的強烈感動⋯⋯

而今年珩嘉即將變成高中生了，身高早已超過180公分的他站在我的身旁，內心突然夾雜著一種欣慰與驕傲的感受，也慶幸自己教養兩個兒子的過程裡，還算順利。

我不太記得第一次當爸爸的心情了。不過，我也跟大家一樣，在做了爸爸後，我才開始認真學習和小孩相處。

第一次當爸爸

初為人父的我與多數新手爸爸一樣，對教養子女沒有太多的概念。

大兒子出生時，夫妻兩人雖忙於工作，但還好寶貝兒子有外婆可以幫忙照顧。一想起她對孩子的呵護，真是無微不至，只是台北市區能讓孩子盡情活動的空間有限，所以兒子在上幼兒園以前，幾乎只能待在外婆家玩。

為人父親的喜悅，隨著珩嘉一天天長大而與日俱增，我們夫妻也想給孩子最好的，例如為兒子買嬰兒學步車和豪華的嬰兒推車，希望可幫助外婆更輕鬆地照顧兒子。

當然，珩嘉在外婆悉心照料下長得白胖可愛，每天下班見到孩子的笑容、豐富的表情以及跟他的有趣互動，我才漸漸有了當爸爸的真實感。而孩子更成了我與妻子下班回家後最期待看到的對象，

並成為我努力工作的動力。

然而，當我想將學習到的兒童教育知識運用在大兒子身上時，他卻已經兩歲了。由於照顧第一個兒子時沒有經驗，所以錯過了孩子發展各種能力的關鍵時期。

就在珩奕出生前後，因工作關係而陸續接觸到許多和大腦感覺統合、兒童發展等專業的相關知識，我開始懂得大腦感覺經驗對嬰幼兒的重要。

儘管從事兒童文教產業多年，但也是直到自己有了孩子後，我才深刻體會到爸爸媽媽每天面對孩子時，所需處理的種種突發狀況是多麼難以預料，那真是在鍛鍊爸媽的腦力和耐心啊！

為兒子建構一個安全的遊戲環境

現在的孩子們都在擁擠的都市中長大，缺乏跑、跳、翻滾的空間，以致於無法擁有足夠的身體感覺經驗，進而使孩子產生如怕高、不喜歡別人碰觸，不太會講話或只挑對象講、愛哭鬧或動作不靈巧……等常見的失調現象。

但當我了解兒童教育和大腦統整原理的相關研究之後，我終於明白：「原來自己童年時期所遇到的成長困難和適應不良的狀況，都是有辦法可以預防的——只要我們協助爸媽提早重視、並給予孩子在各個時期的真正需求，相信他們都能成為獨特的棒小孩！」

下班回家陪兒子玩的經驗，是我在兒童教育相關的學習裡最有心得的時候。這段期間，我不只對兒子一天又一天的發展充滿好奇，就連白天走在路上看到其他的小孩，也會忍不住分析其行為背

後的意義。

　　我發現自己這位受到完善照顧的大兒子，個子雖長得比其他同年齡的孩子高又壯，但仔細觀察他的各項反應後，我看出他需要更多的感覺遊戲刺激。

　　因為嬰幼兒的大腦就像一部新的電腦，即使電腦出廠時有超強功能的硬體，但也需要安裝操作軟體才能順利執行，否則即便儲存接收到資料，但若是格式不相容，檔案也是無法運作。

　　對應到出生後的寶寶，其視覺、聽覺、觸覺、前庭平衡覺和身體肌肉關節的感覺神經系統尚未發育成熟，因此寶寶需要透過不斷的感覺遊戲刺激和經驗才能讓大腦有正確感受，以做出適當的回應。

　　由此可知，給予嬰幼兒充分的運動和爬行，對身體各種動作的發展和日後學習的穩定度有關，並非只是單純照顧他的飲食營養和提供充足睡眠即可。

　　有鑑於大兒子珩嘉缺少感覺遊戲刺激，所以在小兒子珩奕出生前，我便開始在家布置一個能讓他玩遊戲的空間。因此，在家中有小型的盪鞦韆和溜滑梯，甚至也有一顆大球能進行運動。

　　甚至，我還將家裡其中一個房間，規劃成兒子的專屬遊戲室，盡可能下班回家後，利用一點時間分別與兩個兒子一起玩，將所學到的新知識運用在兒子身上。當時，我不僅對兒童教育和孩子是如何學習這件事產生強烈的好奇心，更認真思考「自己該如何當一個孩子的好父親」。

　　由於自己親身經歷了辛苦的求學時期，再加上工作的關係而了

解遊戲刺激對孩子發展的影響，以及父母所扮演的協助角色，讓我知道孩子從小的啟蒙相當重要。

因此，我期許自己能成為孩子們的支持者，並在照顧兒子之餘，有機會也能讓其他父母發現孩子的優點，一同為他們的未來盡最大努力！

單爸教養手記

🍀 男女的生理構造本來就不同，女性從懷孕開始便對教養問題感到好奇，但男性真的無法憑空想像孕育一個新生命究竟是什麼感覺。因此，請不要責怪新手爸爸不夠貼心，他們其實需要好方法去教育孩子，所以我們必須多鼓勵身旁的男性朋友參加親職講座或活動來吸收育兒知識，以為將來迎接寶寶的來臨做準備。

🍀 請刻意製造一些機會，讓新手爸爸花十分鐘的時間和寶寶單獨相處，無論是陪寶寶說話、為寶寶按摩或換尿片……都是父子藉此培養默契的好機會；如果以為男人不懂孩子而不讓他們幫忙，那麼他們將無法真正體會育兒和教養時的困難與心情。

不落地的男丁

～嬰兒和照顧者要建立安全感～

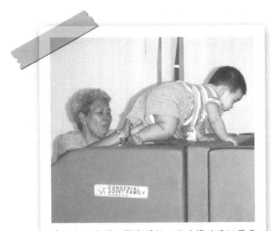

建立與孩子間的緊密關係，放手讓孩子經歷更多體驗！

　　新手父母如果無法全職照護新生寶寶，就要慎選孩子的第一個照顧者。在做好完善溝通後，不僅要安心將寶寶的照顧工作交付給對方，還要長期配合，避免輕易變換。

　　據說我很小的時候是在二姐的背上長大，每年農曆春節回老家時，母親和姐姐們難免會提起童年發生的趣聞。

　　二姐說，當年因為家裡經濟條件不好，爸媽都要忙於田裡的工

作，大姐長大後也必須到外地工作，只有過年時才能回家團圓。

在五個孩子中，我是家中的唯一男丁，媽媽交待二姐負責照顧我這個弟弟，絕對不能有任何閃失，尤其住家附近有條水流湍急的小河，媽媽深怕寶貝兒子接近而發生意外，所以聽說在我還沒學會走路以前，都是二姐一個人成天背著我到處玩耍。

嬰兒時期的往事，我當然無法記得。只是即便已經離家工作超過三十年，我和二姐的相處依然感覺最親近。當我遇到人生重要的抉擇或困惑時，也會不自覺地先找二姐商量，並且兩人之間的談話和互動比其他家人還多。所以我自己這段成長經驗和現在所了解的兒童心理教育理論，在某種程度上是符合的。

 ## 從小建立與孩子的親密關係

在兒童發展研究中，談到嬰兒時期的「依附關係」理論。簡單地說，就是指嬰兒出生後與第一個照顧者會產生很緊密的情感連結。

如果母親能在嬰兒有所需求時，滿足其飲食、睡眠和愛的渴望，便能藉此建立安全依附的關係，而這將使他們在向外探索學習時具有實驗的主動性。

但根據研究發現，假使母親忽視寶寶的生理需求，這些缺乏與人互動的嬰兒，長大後不僅情緒控制能力較弱、沒有安全感，甚至對人也會有疏離和不信任的情況。

由於現今社會的雙薪家庭比例高，傳統教育研究理論所指的母親角色，在現代不一定是指親生媽媽了。寶寶的主要照顧者，很可

能會是第一個照顧他的長輩或專業保姆，因此傳遞正確實用的教養知識給大眾，便顯得更加重要。

　　新手父母如果無法全職照護新生寶寶，就要慎選孩子的第一個照顧者，在做好溝通後，安心把寶寶的主要照顧工作交付給對方，並且不要輕易變換。

　　有少數媽媽見到孩子和外傭或保姆的互動太過緊密，擔心寶寶以後愛別人比愛自己多，所以一年換兩、三個人來照顧他。但根據我們的觀察發現，這樣的寶寶通常比較愛哭，並且在新環境會出現退縮、情緒容易緊張、適應困難等現象，因此他們需要花很長的時間才能和同齡的孩子一起遊戲和學習，這是新手父母首要了解的教養常識。

　　由於現今的社會環境和我當時成長的年代已大不相同，過去父母因無法兼顧工作與教養，對於協助負擔家計的孩子難免會有些愧疚；然而，現在已經變成一屋子的大人關注全家唯一的小孩，所以大人們很難控制自己不答應他的要求，甚至還會為了爭取小孩的親近而用禮物討好他們。

　　事實上，這是爸媽必須注意的教養問題。有時大人逛街，看到設計精巧可愛的文具會買下來，並在不經意中給孩子當一點小小的獎賞或禮物。長久下來，孩子的物質慾望就如同被養壞的胃口般，收到禮物時也不覺得興奮開心，漸漸也失去了讓自己努力的動機。

　　因此，我們應在孩子該獎勵時給予鼓勵，而非平時以物質來取悅他們。孩子需要的是大人的關心與指導，在做對時得到讚賞，做錯時給予指正，引導他們朝向正確的道路前進。

別在無菌室養育小孩

有位打扮時尚的媽媽與丈夫，帶著寶寶一起到餐廳吃飯，當服務員引領他們走到餐桌前，年輕的媽媽便開始大動作地在椅子和桌子附近噴灑酒精。

同行先到的朋友說：「這家餐廳的衛生管理很好，放心坐下吧！」

但那位媽媽卻認真地說：「可是聽說最近腸病毒很強，孩子還小，我還是多注意一下比較好。」

媽媽保護孩子的動作讓鄰近的其他客人很難不去注意，可是當我看到那番景象時，卻為那只有兩歲多的寶寶擔心……

其實孩子的適應能力比大人想像的好很多，在我們的生活周遭有太多狀況需要讓孩子去體驗和學習。如果我們連孩子透過自己身體去感覺冷熱和調適環境的經驗，都要事先幫他過濾、鑑定，那麼當他們將來離開父母的無菌式照顧時，又該如何面對呢？

在未來世界裡，空氣、溫度、氣候等變化程度，都不是我們能夠預測的，孩子們必須在未來生活的數十年裡，鍛鍊出良好的適應能力。因此，父母必須對嬰幼兒保健知識有基本的認知，避免對孩子的成長有過度焦慮，以免成天活在擔心和恐懼當中。

單爸教養手記

🍀 小孩需要用自己的雙手和身體去感受這個世界，身體感覺的敏銳程度對大腦能否做出正確反應息息相關，所以爸媽不能剝奪孩子的體驗，請讓棒小孩自己動手吧！

🍀 當寶寶想要自己吃飯、穿鞋時，就代表他們朝向棒小孩的目標更進一步，請用樂觀的態度支持孩子嘗試新事物。

🍀 孩子的心智能力遠比我們大人想像的更好也更強，爸媽要相信孩子有感受環境是否安全的能力，並做出正常的自我保護，如此才能安心放手讓孩子自由體驗！

有意思的「教養」
～抓準孩子的成長節拍～

孩子的成長有其階段性，爸媽應適度拿捏教養界線！

　　孩子在三歲前後，其理解力會有大幅進步，因此這年齡的幼兒正是爸媽示範教導規則的最佳時機。古時有句「三歲定終身」的話，這不等同於孩子的智能發展，但卻是形塑品格的重要階段。

　　「教養」這兩個字很有意思，字面上明白告訴我們，孩子不只要「養」還要「教」，甚至「教」字還排前面呢！可見讓孩子受教比只給他們吃飽喝足、均衡營養更加重要。

幼兒階段的教養原則

聽到「教」這個字，難免會給人壓力，但簡單來說，其實是有要領可以掌握的。如果爸媽能知道以下三個原則並徹底執行，至少在育兒時能減少很多摩擦。

一・幼兒用身體感覺來學習

幼兒的學習方式和大人不同，這是教養棒小孩前必須知道的第一件事。因為孩子通常會先用身體感覺來學習，不像大人看一眼、聽一句就能明白的靈活反應，這些都源自於孩子大腦發育尚未成熟的緣故。

所有生物中以「人類」最為聰明，因人的大腦結構和其他動物不同。大腦最外層的皮質層區有掌管視覺、聽覺、觸覺和肌肉神經系統的神經元，這些神經元必須經過反覆刺激才會產生連結，以在遇到狀況時做出正確反應。

舉例來說，出生的嬰兒雖能聽到聲音，但無法知道那是什麼；寶寶看到東西會立刻放到嘴巴裡咬，是因為他想知道能不能吃……這些大人老想糾正的行為，其實對孩子來說都有發展上的意義。當我們理解後，便能自然看待幼兒成長階段的過度行為。

此外，出生後的寶寶幾乎需要花上整整一年的時間，才能成長到站立、行走，以及設法自己拿東西吃的階段。可見人類大腦的神經系統和身體動作控制協調能力的關連複雜性，遠遠超過我們想像。

因此，爸媽如果了解大腦感覺神經發展的原理，下次看到寶寶吃自己的手指頭時，就不會擔心「孩子現在不改，長大會養成壞習

慣」的想法，甚至也不會急著幫寶寶的手指塗上辣椒，或者將手綁起來等奇怪念頭。

事實上，看到孩子這類型的行為表現，了解孩子的爸媽多半能輕鬆面對，因為寶寶如果很用力地咬指頭，會因出現「痛」的感覺而避免下次再犯。因此，父母對待孩子的自然發展行為，也就不會過度緊張。

二·協助過多就是干擾成長

聰明寶寶出生後的第一件事，就是學習自己拿東西吃並主動探索環境。這原是人類自然生存的本能，也是孩子成長的必經過程。

但在如今過度呵護孩子的社會裡，下一代已經沒有足夠的機會去嘗試這些「探索」。小孩子在現代家庭中成了稀有珍寶，長輩們總會不經意地給予過多協助。當然，溺愛孩子的家長並不會覺得自己每天餵小孩吃飯、照顧周到有何不妥，特別是隔代教養下的孩子，長輩多餘的擔心，將讓他們降低原先應有的基本能力。

如此一來，孩子容易養成依賴的習慣，等他們到了上學的年紀，才會發現自己的動作跟不上其他小孩，甚至是當孩子缺少大人的提示時，會不知道該如何反應。

其實，「熟能生巧」的前提，就是許多動作必須經過反覆的練習。一般而言，當大人想學習不曾做過的事情時，通常只要重複多次動作便能熟練；當然，孩子的學習也具有同樣道理！

但很可惜地，如果孩子出生後的前六年，大人已經習慣為孩子做事，那麼當他們必須獨自面臨單調的練習時，就會做一半、學一半，並經常想著放棄。

因對他們來說，過了充滿好奇和新鮮感的蜜月期時，重複練習將讓他們感到枯燥乏味與無趣。所以，假使孩子遇到學習瓶頸，爸媽在分辨孩子是否只需稍作休息即可，而非一味地為孩子另找方向。

三‧管教鬆緊程度要隨年齡調整

孩子在三歲前後，其理解力有大幅進步，因此這年齡的孩子正是爸媽示範教導規則的最佳時機。古時有「三歲定終身」的諺語，證明了品格教育的重要性。

因為兩歲開始，幼兒便進入所謂的「語言爆發期」，他們擅長模仿大人的說話和動作，故旁人的言行都是他們學習的對象，此時，我們應教導幼兒禮貌和規範，並不斷反覆提點。

事實上，兒童的理解力或抑制衝動的控制能力都還在發展，特別是七歲以前的孩子更需要時間來重複練習。若希望年幼的孩子能乖乖聽話、記住爸媽教過的規矩，父母便需耐心等待孩子的大腦發育成熟，陪伴他們長大。

然而在小學之後，父母的管教必須隨著孩子的年齡調整。由於這階段的孩子重視秩序，他們相當聽從老師所說的話，所以爸媽要和學校老師維持良好的溝通管道，使家庭和學校的教育原則有一致性。

另外，與學校課業相關的學習屬於老師的專業，我們應尊重老師的教課方式；但對於孩子的品格與學習態度，則必須從生活上長期培養，這方面就要請爸媽協助並配合老師的規定。

爸媽都有教養的責任

每當演講時，看到年輕爸爸親自參與，總會令我特別欣慰，甚至也能預見他們的孩子一定相當幸福。

以往中國人的家庭觀念，多半會覺得把孩子教好是媽媽的責任。但是國外研究發現，有父親參與教育的家庭，孩子長大後各方面的表現相較於完全不參與者更加穩定。

多年來，我試著宣導一項爸媽都應做的事，那就是重視兒童早期的親子教育，鼓勵大家切身體會當爸爸媽媽的喜悅，與孩子一起成長。

創業至今，每個專門教室的員工和老師的小孩都是配合度最佳的好夥伴。看見眼前的孩子從出生、成長，到如今成為優秀的青年，那份喜悅與感動，著實難以言喻。

我的身旁有許多專注於孩子教養的爸爸，劉經理便是其中一位。不上班的時間，他多半陪兒子一起玩，有時臨時通知開會，找不到托育寶寶的照顧者，他就會推著娃娃車出門。

每當我們看到劉經理的小孩活潑靈巧、落落大方地與人互動時都足以證明，並不是只有媽媽才會教孩子！

爸爸，孩子的教育千萬別錯過

事實上，隨著人們的觀念開放、多元，我們更能體會幸福的真諦。許多年輕爸爸也開始重視孩子的教養過程，這必須感謝整個大環境的改變。

　　然而，也有部分爸爸基於現實生活的關係，例如雙薪家庭使得媽媽無法專心照顧孩子，或者單親因素導致爸爸必須介入教養……等，使爸爸擔負起育兒責任。

　　無論是出於被迫或主動，想當個好爸爸或好媽媽的第一步，應該是先了解孩子。「到底孩子是如何長大的？」、「孩子什麼時候需要什麼東西？」……這些都是新手爸媽非常想知道的答案，可是在我們成為父母之前，竟然沒有人能及時提醒。

　　鄰里的婆婆媽媽時常會熱心地給年輕人建議，網路上也會流傳著許多似是而非的育兒觀念，這些聲音雖都出於善意，但也可能讓適逢生育年齡的現代男女覺得不安。

　　所以，當我有了育兒的真實經歷後，我發現許多人因為孩子的教養意見相左而爭吵。但我始終覺得，自己的責任還沒有完成。「愛，從了解開始」這個觀念，仍需要更多人一起努力！

單爸教養手記

🍀 家有幼兒的爸媽，可以掌握以下三個教養原則：

1. 幼兒是用身體感覺來學習的，所以不能光說不練。

2. 協助過多就是干擾成長，要鼓勵孩子多做兩次。

3. 管教孩子的鬆緊程度應隨年齡調整，設法做好親師溝通，並培養正確的學習態度。

開啟兒童智慧之門的好老師

～親師間的緊密互動～

棒小孩的培養，除了父母之外，老師也是一個重要啟蒙者！

　　想做一位好老師，並不是只憑個人的滿腔熱誠。我發現每一位受學生和家長歡迎的老師，多半都具備良好的應變能力和彈性。

　　「老師」的角色，在我心中第一印象是溫暖的。每次受邀到幼兒園或為專業的保育人員演講時，就會覺得他們的工作實在太重

要。因為年幼的孩子還不能完整說出自己的想法，所以需要一位真正了解他們身心需求，並且適時提供指引的成人。

在創業之初，我原本希望能將自己學到的教育知識運用在孩子身上。所以我常想：「自己童年時遇到的學習困難，如果能及早被發現並接受適當的指導，想必小學時的學習壓力，可以減少很多。」由於小時候的成長環境沒有這種嘗試機會，因此現在如果可以為孩子做點事，我一定要大膽嘗試！

「好老師」是最好的教養後盾

在我的童年印象中，幼兒園的老師特別窩心，我深刻記得自己在幼兒園時的第一次缺課，老師並沒有責罵我，而是用關心及正面的溝通讓我知道曠課是不對的，這不只緩和我原本焦慮的心情，也讓我對上學充滿了期待。

但小學時期的老師，對我來說卻是可怕的印象。因為我常會搞不清楚老師體罰的原則，時常不知道為什麼許多同學會一起被打？雖說師長對孩子有管教的責任，但兒時的我卻不太能理解老師處罰的原因，也不懂自己該如何做才不會誤觸地雷。

然而，現在和三十年前相較起來，台灣整體教學的環境和師資素質有很大的進步，畢竟學校已經廢除體罰。但我依然盼望所有孩子都能對上學充滿期待，讓他們知道在學校不只是學習知識，更要懂得找到自己的興趣並培養專長，然後慢慢發現未來人生努力的目標。

有彈性的老師

想做一位好老師，並不是只憑個人的滿腔熱誠。我發現每一位受到學生和家長歡迎的老師，多半都有良好的應變能力和彈性。在上課之前，負責任的好老師不需要別人交待就會做好「備課」動作，對於不懂的問題會先請益有經驗的前輩，這是發自於他們內心想學習的主動性和好奇心。

而在教學時，他們還必須面臨孩子們的各種突發狀況，除了要顧及原本計劃的課程進度外，還要調解孩子發生的爭吵和衝突，因此必須具備高度的耐心和抗壓能力。

下課後，老師們還要和家長保持良好互動，讓爸媽知道孩子的上課狀況及如何協助孩子練習等方法，而這任務要做得恰到好處，就必須擁有很好的親師溝通能力。

 ## 教養路上的專業支援

我希望教導孩子們長大後具備職場競爭力，所以對負責執行這項神聖工作的夥伴們就有更高的期許。他們不能只是和小孩遊戲玩樂，還要能提供父母專業的教養諮詢。

我常覺得「老師」的工作值得所有人尊敬，就算指導對象是年齡最小的幼兒，也需要相當的專業性。只有不了解的人才會有「不過就陪孩子隨便玩玩，負責把孩子餵飽，再想辦法讓他們排排坐，乖乖別吵就行……」的認知。其實，這可真是個大誤會，尤其孩子的年紀越小，負責指導的老師所要面臨的挑戰和考驗才更大！

「單老師，我們平常管學生不敢太嚴格，最近才有家長來學校抗議了……」在一次幼兒園的教師研討會中，有位年輕老師向我說出他們的煩惱和憂心，然而這也是現代老師們的普遍心聲。

　　在媒體新聞裡，常會有些不當的負面報導讓爸媽們對現代老師的教學能力和指導方式產生疑慮，這確實是很大的隱憂。我深深覺得大多數的教育工作者，是真心想要教導好每個孩子，但同時老師們也需要學生家長的支持和鼓勵！

　　因此，為了教育出更多棒小孩，爸媽和老師必須攜手合作、互相支援，以為孩子的未來持續努力！

單爸教養手記

　　🌸 爸媽管教孩子時必須「賞罰分明」，多鼓勵孩子表現良好的行為，並在主動幫忙時立刻讚賞他。但如果孩子出現偏差行為，不能只告訴孩子「不可以……」或重複責問孩子「為什麼你又要犯錯？」而是馬上糾正孩子的錯誤，教導他們正確的做法。

人人都有孩子緣
～豐富孩子的感覺神經是關鍵～

孩子並非不願意接近任何人，他們只是需要多一點的感覺刺激！

　　大部分的寶寶在出生六個月左右開始認人，原本可以接受大人輪流抱的寶寶，這時看到陌生人反而容易哭了。因此，孩子若出現這種情況，爸媽也不必過度緊張，更不需要將寶寶成天關在家裡……

　　常會有人跟我說自己沒有孩子緣，小孩見到他就會躲起來不想靠近。我想如果不是大人怕小孩吵鬧而說個開溜的藉口，就是沒有掌握到與孩子玩樂的方法。

曾經遇到一位媽媽，再三交待她的小女兒不喜歡個子太高的男生：「我的孩子不肯讓陌生人接近，特別是男性……能不能安排女性的評量老師？」

我的身高也超過一百八十公分，但截至目前為止，很少遇到第一次準備參加兒童發展評測的小孩，會強烈抗拒或不願意配合。新同事看了也覺得奇怪，問我有什麼絕招吸引孩子？難道和人緣有關係嗎？我想並不是。我之所以很少被小小孩拒絕，並沒有特殊的原因，只是了解孩子想什麼，懂得用他們可以接受的方法溝通而已。

其實，只要我們貼近孩子的想法，用孩子的角度去思考，每個人都能擁有孩子緣！

不怕生的孩子也是培養出來的

這十年來，我確實也遇過兩三位特別怕生的孩子。在一年多前的新竹分校，有位小孩的姐姐便容易對陌生人出現緊張防禦的反應。聽爸媽說，平時帶著年紀相近的女兒出去玩，妹妹總是很快融入活動，但姐姐說什麼就是不願意離開爸媽。

第一次和兩姊妹見面時，我透過遊戲的過程，觀察兩個小孩的表情和配合度，當時小姐姐真的沒有靠過來，所以我只和妹妹一起玩，但我會不時對姐姐微笑，並且過程中也不會主動打擾她。

同樣的情形經過兩三次後，小姐姐的臉上開始帶著微笑走近我，那一天我們順利完成了發展評估的每個測試項目，孩子在整個活動的配合度和表現都相當好，而我也建議爸媽幫助小姐姐調整改善行為的方法。

另一位四歲的小女孩小芳，媽媽為她買了很多童書和玩具，每天在家還特別做一對一的指導，爸媽和家人都覺得她是個能言善道的孩子。

後來，媽媽計劃再添個寶寶，並希望小芳成為姐姐之前能適應幼兒園的團體生活，於是便開始找合適的園所，這時才發現小芳到了陌生的學校或看到其他小朋友就會躲在媽媽身後，說什麼也不肯和他們一起玩。

類似小芳或新竹小姐姐的案例很多，由於小芳是獨生女，平時多半只和家裡的大人相處，不像新竹的兩姐妹因為年齡相近，爸媽很容易發現孩子們行為方面的異同，以及時協助孩子調整、改善。

其實，害羞或怕生並不只有發生在女孩身上，男孩也會有相似的情形。我小時候在陌生人面前，也會忍不住緊張，後來直到了解大腦感覺神經方面等知識，才終於知道那只不過與個人的感覺神經反應比較敏感有關，並非別人所認為「膽小」的孩子啊！

怕生與感覺神經系統相關

如果嬰幼兒對陌生人或陌生環境容易感到緊張，這可能與孩子的過去經驗和個人感覺神經系統的敏感程度有關。

大部分的寶寶在出生六個月左右開始認人，原本可以接受大人輪流抱的寶寶，這時看到陌生人反而容易哭了。因此，孩子若出現這種情況，爸媽也不必過度緊張，更不需要將寶寶成天關在家裡！

以發展角度來看，寶寶在六個月之後，視覺和記憶能力逐漸進步，他們開始能分辨和誰在一起比較舒服；但敏感型寶寶若遇到講

話太大聲或總是忍不住想捏他臉頰的人，便會出現躲開的反應，但這也只是出於保護自己的本能動作。

此外，當孩子看到某人接近而躲到媽媽背後時，與此人的人緣好壞無關，更不必擔心小孩長大後是否會性情孤僻難相處。因為我們要做的是豐富這類型寶寶的觸覺、聽覺等各種感覺神經系統的經驗，讓他們放鬆緊張感，才能有效解除根本。

若是隔離寶寶和其他人的相處，也只是避免這類尷尬的事情發生；一般來說，年齡越小的孩子開始調整，其效果會較為明顯，但如果等到孩子學齡時才要改善，通常必須花費更多時間，才能有所進步。

🍀 四招練成孩子王

1. 調整自己的高度

   和初次認識的小朋友打招呼，請彎腰或蹲下來到與孩子身高相近的位置，讓孩子能看見你的臉部表情；如果孩子看起來比較安靜或有點緊張，只須展現親切的微笑即可，千萬別故意用誇張的表情或動作逗弄孩子。

2. 自己先玩出趣味

   若想讓孩子主動接近，可以自己先拿些玩具或吸引他們目光的東西玩出趣味，等小孩對此出現興趣後，再問他們「要不要試一試」。如果孩子依然緊張，可以將玩具放在他容易取得之處，讓他有機會自己玩。

3. 友善問候不動手

每個孩子與人相處的表現方式不一樣，有的孩子一高興會給人親密的擁抱，但也有孩子不喜歡肢體碰觸，我們應仔細觀察並尊重孩子的身體感覺反應，在尚未熟悉之前保持適當距離。

4. 沒離開就有機會

敏感型的孩子必須先確認安全才願意參與，如果在你努力做到這三項之後小孩還沒跑掉，那麼恭喜你，這孩子已經開始接受你了，再多幾次耐心相處的機會，他甚至有可能成為你的忠實粉絲！

不想吃東西的孩子

～「偏食」才是重點～

孩子的食量多寡因人而異，但偏食問題反而才最該重視！

對孩子而言，不偏食通常適應力也較好。就拿我個人來說，因為工作關係必須到不同地方出差，由於各地飲食習慣有其特色，「不挑食」便讓我容易融入當地的飲食文化。

有許多媽媽常會擔心：「小孩吃太少會不會營養不良、長不高？」甚至，也經常有人問我：「孩子不想吃東西該怎麼辦？」

其實這類問題從來不曾困擾過我，因為當我們餓了就想吃東

西，這是一種本能反應；而味覺和嗅覺也是人類最基本的感受，如果孩子不想吃，多半不是還不餓，就是食物沒有引起他的興趣。

我常在演講時問家長：「您家的孩子會挑食嗎？」常有一半的人說「會」。但針對孩子不會挑食的媽媽們，我會繼續問到：「請問妳會準備自己不愛吃的食物給孩子嗎？」第二題的答案通常是「不會」，而這也意味著孩子其實有挑食的可能，馬上聽懂的媽媽便會不好意思地點頭微笑。

這個現象代表，如果媽媽自己本身挑食，那麼孩子從小的飲食習慣也可能會先受到篩選。所以，我們如果希望孩子獲得均衡營養，爸媽有時得先關上自己的感覺反應，讓孩子接受更多元的食物刺激，才能避免他們出現偏食表現。

其實，對孩子而言，不偏食通常適應力也較好。就拿我個人來說，因為工作關係必須到不同地方出差，由於各地飲食習慣有其特色，「不挑食」便使我容易融入當地的飲食文化。

這些年，我看到很多人不能適應工作輪調，不願意吃沒看過的東西，即便有再好的機會或任務，對方也不敢輕易接受。雖說在固定安全的環境裡生活不錯，可是未來是個多變化的社會，其進化或改變並非我們所能預料。若希望孩子能具備良好的適應能力，那麼應從培養孩子多元的飲食習慣、預防偏食開始。

而要避免孩子出現偏食，爸媽除了要改掉自己對某些食物的偏見，在教孩子吃飯時，也應努力掌握以下兩個基本原則：

1. 要定時

許多小孩的進食時間很不固定，除了一天三餐之外，大人還會

忍不住拿零食給孩子吃，有一部分是因為他們想看到孩子開心滿足的模樣，讓自己能感受到一點喜悅。但如果小孩一直處在消化不完全的狀態下，到了吃飯時間當然就吃不下正餐了。

2. 要定量

想吃甜食是人的天性，適當的糖可以讓大腦產生幸福的感覺。所以吃一點甜食是可以容許的，並不需要完全禁止。只是我們必須留意給孩子吃的食物不能過量或偏屬於某一種類，以免出現營養過剩或不均的問題。

單爸教養手記

✿ 一個人的飲食習慣必須長期培養，所以給孩子的食物應以天然為主，並且保持三餐定時定量、營養均衡即可。

✿ 對於發育中的孩子，食物是有形的養分，而豐富的遊戲運動與爸媽的愛，是孩子成長中無形的滋養元素。

請讓孩子 自己吃飯
～訓練孩子手部能力～

給予孩子自己拿餐具吃飯的機會，不僅能發展手部運作能力，還可增強自信心！

　　每個身心健康的寶寶都要具備自己拿湯匙或筷子進食的技巧，而這項能力需要孩子重複的練習，即便孩子做不好也不能著急或取笑，更不能因為怕麻煩就順手餵食。

　　我不喜歡看到大人餵小孩子吃飯，因為孩子應有自己進食的能力，但這簡單的事卻要再三提醒。

吃飯中的親子互動

有經驗的老師可透過孩子的吃飯習慣，發現親子間的互動情形。不久前，我們台北示範教室的老師便分享了一個真實案例，並也特別取得這位媽媽的同意，在書中作為父母們教養過程中的借鑑。

兩歲多的小妤一直不知道布丁是什麼味道，她很想吃布丁，但就是不肯讓媽媽餵，所以小妤只能以羨慕的眼光，看著其他小朋友津津有味地一口接著一口。

而小妤無法自己吃布丁的原因，是因為她的小手沒力氣，且手部控制能力不佳，所以每次拿湯匙舀碗中食物時，每每還沒送到嘴裡就掉了下來，連試幾次也無法成功。這時小妤便會生氣地將湯匙丟到地上，說什麼也不吃，甚至還會因此大發脾氣……

直到一位媽媽熟稔的髮型設計師知道她的困擾後，便熱心請她到優兒諮詢。這名設計師說自己的孩子小時候也很討厭剪髮，常無故發脾氣，但經過老師的指導後進步很多。

小妤媽媽抱持好奇心，帶著女兒前往，評量老師讓小妤做了測驗後發現，小妤並不是故意耍脾氣的，她聰明又有自己的想法，希望任何事都能自己做好，但就是容易感覺情緒不佳，也很難清楚地表達原因。

後來，老師和媽媽一起想辦法鼓勵小妤，設計安全的遊樂環境，讓孩子大膽嘗試。這段期間，小妤在教室和家裡練習了包括大量的觸覺、前庭本體覺以及各種精細動作的遊戲，藉此增進小妤的手部控制能力。

此外，小妤還在訓練期間，靠著自己的雙手嘗到第一口布丁，當時的驚喜表情，讓親眼見到的媽媽和老師感動不已。

大約經過半年的引導，媽媽表示愛生氣的小寶貝變得可以溝通，並且孩子的情緒越來越穩定，並且在家也開始主動玩遊戲，笑容變得更多且有自信。

讓孩子練習拿餐具

類似小妤這種情形，發生在周遭朋友的例子還真不少，試想：「如果無法在感到飢餓的情況下才能吃，也不能決定自己想吃什麼，只能被動地張口等別人餵食，這樣要如何享受品嚐食物的樂趣呢？我想小孩的心情也是一樣吧！」

通常爸媽都會擔心孩子食慾不好、吃太少，但卻沒有深入觀察孩子為什麼對吃東西總是提不起興趣，這將造成照顧者極大的壓力，而孩子也會因感受到大人焦慮的心情而影響食慾。

爸媽必須多留意孩子兩到三歲時，是否能夠靈活用手操作工具和玩具。以正常情況來說，每個身心健康的寶寶都要具備自己拿湯匙或筷子進食的技巧，而這項能力需要孩子重複的練習，即便孩子做不好也不能著急或取笑他，更不能因為怕麻煩就順手餵食。

手部運作靈巧的孩子，對於寫字的流暢度及任何工具的使用都能得心應手。並且這樣的孩子，也會擁有較高的自信心，樂於接受新挑戰及學習。

單爸教養手記

🍀 孩子拿湯匙或使用筷子的方式良好與否，與其手指頭的控制能力有直接關係。每天吃飯就是最好的練習機會，大人應讓孩子自己使用餐具，否則會牽連握筆寫字的能力，屆時才生氣孩子不會可就傷腦筋了！

餐桌上的教養
～珍惜資源與有禮的應對～

爸媽要相信寶寶能自己吃飯，即便握不好湯
匙，飯粒掉滿桌，也不能直接替手餵食！

現今家長們常會自動合理化孩子的行為，不僅不先調整孩子的進食習慣，反而要求照顧者配合。對於長期從事教育工作的老師們來說，下一代的未來將出現危機！

我喜歡和家人同桌共餐的感覺，尤其當社交應酬變多之後，能與老婆、孩子一起吃晚餐的機會便顯得彌足珍貴。

從吃飯，教導孩子感恩

在空閒時，我也喜歡自己下廚做菜，不過我會規定孩子必須等全家人到齊後才能開動，這個習慣源自於從小在我們家吃飯的規矩，即爸媽沒動筷前，孩子們也不可以開動。所以，我也將這個規定延續在我們家中，並且從兒子很小的時候就開始了！

用餐應遵循基本的禮貌，這是我一直要求兒子的生活細節。例如要等爸媽都入席才可以開動，不可以只挑自己喜歡的或用筷子隨意翻動盤子裡的食物，用餐時不能看電視或隨便跑來跑去……等等。

雖說我不是一個規定孩子吃飯時不能講話的嚴格爸爸，但我希望爸媽都能做到這些小小的堅持和要求。並讓孩子們知道，每道料理的背後都是有人辛苦準備才能擁有如此豐盛的菜餚，進而懂得尊重和珍惜每一份得來不易的東西。

相信孩子能自己吃飯

「老師啊，我兒子不太會咬東西，午飯通常要吃一兩個小時，以後上幼兒園會有老師幫我餵他嗎？」這是一個發生在台北幼兒園的真實情況，那裡的主任憂心忡忡地跟我談起，並認為這類寵溺型父母的比例有逐漸增多的趨勢。

現今家長們常會自動合理化孩子的行為，不僅不先調整孩子的進食習慣，反而要求照顧者配合。對於長期從事教育工作的老師們來說，下一代的未來將出現危機！

很多爸媽對孩子的基本用餐問題感到煩惱，更有奶奶抱怨孫子吃飯時到處亂跑，自己則是拿著碗，在後面追著餵。其實，這些用餐禮儀應從孩子一歲開始教導，若希望孩子養成好習慣，爸媽必須從日常生活中逐一規範。

首先，爸媽要相信孩子可以自己吃飯，因為孩子很小就會模仿大人的動作，我們能見到還不會講話的孩子藉由玩扮家家酒的遊戲，模擬大人下廚的樣子，如找個容器和大湯匙假裝自己在煮菜，並且不停地攪拌……

以兒童成長的角度來看，這是動作發展良好的寶寶所表現出來的行為，而寶寶的動作也正好告訴爸媽，自己已進入心智發展最快的時期。

一般來說，孩子在兩歲左右就必須擁有和大人同桌吃飯的能力。即便他們的小手還握不好湯匙，耐心也不像大人一樣長，甚至進食需要有人協助，但透過共桌吃飯的過程中，孩子能經由觀察爸媽拿筷進食的方式，學習使用餐具的技巧，並藉此培養用餐規矩與禮儀。

所以，想做好兒童教育，當然不能忽略「食、衣、住、行」當中，排在第一順位的「飲食文化」及其應對禮儀等生活小節。

十項棒小孩必須從小養成的用餐禮儀：

1. 珍惜眼前食物，不能隨便浪費。

2. 用餐要定時定量，不可以挑食或偏食。

3. 必須等一起用餐的人都坐好後才能開動。

4. 夾菜時要由上面拿取，不可隨意翻攪盤子內的食物。

5. 別人取餐時，要耐心等候。

6. 吃飯時不可以大聲講話或喧嘩。

7. 不能玩弄餐具或敲打碗盤。

8. 進餐時間不可以任意走動或離席。

9. 進餐時要儘量保持桌面的清潔。

10. 與家人朋友用餐後，要主動收拾餐具並協助整理。

愛生氣的寶貝
～開朗，是情緒穩定的解藥～

希望孩子擁有穩定的情緒，大人就必須做好榜樣！

孩子們藉由觀察大人的行為來學習調整情緒，如果成人表現出同理心、樂於助人、胸襟寬大、在面對挫折時繼續挑戰，孩子在潛移默化中也會形成這種特質。

有對年輕夫妻說：「不知道小寶貝為什麼經常生氣，甚至動不動就哭，全家人搞不清楚孩子到底想要什麼，即便耐著性子問，他也不肯講……」諸如此類的困擾，很多爸媽都經歷過，但這種問題

通常只會發生在一歲半到兩歲左右的寶寶。

「究竟什麼時候可以開始教孩子學習控制情緒呢？」、「為什麼要限制孩子呢？不是讓孩子自然發展比較好嗎？」面對各種意見和說法，教或不教常常困擾年輕父母，所以我們希望以一個新的角度給予爸爸媽媽不同的思考面向。

安全感與信賴感，有利於情緒發展

每個孩子與生俱來都有自己的情緒表達方式，即便是雙胞胎，對同樣事情的感覺也不一定完全相同。在嬰兒出生後的第一年，照顧者與寶寶之間安全感與信賴感的建立，對孩子日後的情緒發展非常重要。

我們必須注意寶寶對身體感覺反應的敏銳度，也要關心其人際互動的情形。因為嬰幼兒時期若出現生理感覺不愉快的經驗，便會形成孩子日後恐懼、排斥或害怕的原因。

幼兒需要一個可預期的環境，知道周遭人會做出什麼樣的行為、發生什麼樣的事，以便從中培養安全感和秩序感。假使爸爸媽媽能與孩子的行為產生互動，以眼神、表情、動作或語言來回應孩子，如此可增強他們參與活動或學習的意願，這種無形的鼓勵將提升幼兒穩定情緒的發展。

因此，我們必須明白「營造一個具安全感的環境」和「過分保護」並不相同，在從事兒童發展評量這些年來，我們發現許多家長在這方面的掌握度必須有所調整。

如果家長或照顧者只是單純保護孩子遊戲時不受到傷害是不夠

的，因為隨著孩子年齡增長，我們必須藉由遊戲提高孩子的能力和自信心，並建立安全感；另一方面，我們也要提升孩子面對挫折的勇氣和毅力，如此才是較為積極的情緒教育和指導方法。

別積極回應孩子的任性哭鬧

還記得珩奕兩歲多時，有次全家出遊回來，一走進家門他就開始鬧脾氣，要求媽媽幫他脫鞋不然就不進來。但因為我們常讓孩子進行自己脫鞋及襪子的練習，所以兒子已經很熟練這項動作，我想可能是當天玩得太累或其他因素，使得他不想自己脫鞋，並希望得到爸爸媽媽的幫忙。

儘管換鞋區離客廳沙發只有一小段距離，但他就是不願意自己動手，只是站在玄關發脾氣哭鬧，而此時大家已放鬆地坐在沙發上看電視，沒有人要理會他（我和媽媽故意忽略孩子的哭聲，也不走過去糾正他沒來由的哭鬧行為）。

大約經過二十分鐘左右，孩子的哭鬧聲逐漸變小了，雖然還是發出陣陣可憐的微弱哭聲，但還是不肯動手脫下鞋子。這時，我決定和兒子比起耐性，臉帶微笑地跟他說：「弟弟乖，等你脫好鞋子就過來抱抱，爸爸媽媽都坐在沙發上等你唷！」

又過了一陣子，弟弟發現家人們都正常地做著自己的事，沒有人過去安慰他，所以我想他覺得再哭也沒意思了吧！於是自己脫下鞋子，若無其事地走進來。

這件事讓我印象很深刻，更確定爸媽堅持一定的教養是必要的，因為他們知道當自己有所需求時，不合理、任性或耍賴的方式

都沒有用，唯有理性溝通才有商量的機會。

穩定的情緒是培養孩子日後人格發展的基礎，情緒EQ更是關乎孩子未來成就的重要條件。隨著孩子進入幼兒園的團體生活，他們也開始學著讓自己的行為舉止符合社會道德規範，並慢慢分辨是非好壞，甚至逐漸重視老師或成人對自己的評價，此時利用故事或榜樣，來教導孩子建立道德感與榮譽心是最好的方式。

許多人格心理學家透過實驗和長期的觀察發現，除了基因遺傳等因素外，性格的養成也會隨著外界環境和教育的影響而變化。因此，我們應從小培養孩子樂觀開朗的人格特質，使孩子在面對挫折或困難時，能正面迎戰度過難關。

「希望孩子可以健康快樂的成長，並能成為獨立而有責任感的人」，這是許多爸爸媽媽的共同心願。傳統的中國教育強調，「術德兼修」可幫助孩子達成目標。因此，我們不只是讓孩子從小學習各種才藝，或擁有優異的課業成績、乖巧聽話即可，為了孩子長遠的幸福和社會競爭力，我們更應重視孩子們的情緒教育和人格發展。

 ## 協助孩子了解情緒

每個人都會有喜怒哀樂，學習了解自我情緒和體會別人感受，是早期教育的重要課題之一。

有些孩子慣於用「哭」來表達不好的感覺，如果遇到這種孩子，我們必須先回應他的感受、引導他說出情緒、明確地讓孩子知道自己為何會有那種感覺，藉此幫助他們釐清反應的根源，學習正

確處理情緒。

孩子容易愛哭或生氣的情況

引發孩子情緒不佳的常見狀況	背後原因	爸媽引導做法
別人不知道他想要什麼？	☆一歲半還不會簡單單字。 ☆兩歲半還不能說出完整的句子。	☆多和寶寶講話。 ☆增加寶寶的生活經驗。 ☆等寶寶模仿大人的說法後，才將東西交給他。
家庭成員或照顧者有異動時…… 例如：幼兒園來了新同學、弟妹出生，換了新保姆或老師……	☆想引起別人注意。	☆特別安排與孩子的獨處時間。 ☆和孩子一起玩，建立安全感。
遇到不想做的事情。 例如：不想自己穿鞋，吃飯時想要別人餵……	☆想找人幫忙。 ☆家人可能有溺愛傾向。	☆提早為孩子準備，不主動提供協助。 ☆堅持讓他自己練習。
孩子不想做新的嘗試，但老師或爸媽一再要求他執行。	☆不安全感的產生。 ☆出現害怕受傷的心理。	☆大人可先玩給他看，吸引孩子的注意後，再留一部分讓他嘗試。
聽故事或看影片時，特別容易感動流淚。	☆同理心強。 ☆有類似經驗。	☆父母可引導孩子進行正向思考。

　　其實，孩子們通常會藉由觀察大人的行為來學習處理情緒，如果成人表現出同理心、樂於助人、胸襟寬大、在面對挫折時繼續努力，則孩子在潛移默化中也容易形成這種人格特質。所以想教養出笑口常開的棒小孩，我們在孩子面前必須減少抱怨和批評，保持積極開朗的生活態度。

然而，不管我們如何努力在孩子面做一個良好的情緒示範者，大人仍然不能過度期望，孩子的情緒模仿或控制能力在短期內就可發展成熟。

　　畢竟孩子在各階段的成長時期會因為生理發展、學習環境等各種變化而感受到不同的壓力，情緒表現也會從不加掩飾的外露方式，慢慢轉變為內隱。因此在孩子的成長過程中，家長必須更細心的觀察才能給予適當的輔導。

單爸教養手記

🌸 年幼的孩子因無法控制生理上所引起的反應，故感到不適時就會立刻大哭、想睡覺時就吵鬧，而懂得孩子感受的老師可指導爸媽藉由感覺刺激來調節寶寶的生理反應，放鬆他緊張的情緒或改善他遲鈍的反應。

🌸 爸媽同時也要在日常生活中建立規律感，因為孩子每天看到爸媽合宜的舉止反應，也能從中模仿學習。

爸媽有說「不」的責任
～漸進式引導自動、自省、自律～

爸媽的教養原則要堅定，偶一為之的態度將使孩子無所依循！

排除孩子個別生理上的感覺接收和敏感型的反應因素外，情緒容易失控並需要較長時間調節的孩子，常常伴隨一個不敢跟孩子說「不」的主要照顧者。

或許您曾經看過孩子在公開場所鬧脾氣吧！那究竟是什麼原因，讓孩子表現出誇張而不合宜的舉動呢？

讓孩子學習「等待」

曾經有段時間，我對這類孩子與其爸媽的互動模式產生很大的好奇心，甚至特別與老師們認真觀察，並進行長期的輔導和比較，我們發現一個值得與爸媽分享的現象：

排除孩子個別生理上的感覺接收和敏感型的反應因素外，情緒容易失控並需要較長時間調節的孩子，常常伴隨一個不敢跟孩子說「不」的主要照顧者。

這是因其照顧者若沒有教導孩子調節情緒或轉移的方法，幼小的孩子將不知該如何用適當的聲音、動作或行為來表達自己的需求，只會以最直接且能吸引別人注意的方式取得關心，這種表現就如同小嬰兒以哭聲來表達內心不快的含意相似。

然而，隨著孩子逐漸長大，便要開始學習「等待」和控制自己的衝動行為，並非任何時間、場合都能隨心所欲。

所以在孩子學會說話前，爸媽應教導孩子學習傾聽，理解他人的意思並配合簡單的指令。雖說孩子無法教導幾次就能記住，但如果能在孩子做了不適當的動作或行為時，馬上說「不行」，其當下的機會教育最容易讓孩子警惕，且效果更好。

例如孩子在遊戲結束後，將玩具丟到箱子裡，爸媽發現後立刻說「不能用力丟，要輕輕放下來」，這種當下的真實經驗，將比平時的說教更能產生作用。

好爸媽不能太心軟

在我推動親子教育後，便有了很多機會能與不同學校的老師進行接觸，而老師們大多有以下類似感觸：

無法堅持教養原則的家長，通常不太容易要求孩子遵守團體的約定；並且遇到親子須共同參與的活動時，請假率偏高；針對缺課而臨時請假的學生，因其請假原因得到爸媽認可，所以年輕老師們也不好意思繼續堅持孩子上課。

但相反地，能教出情緒穩定的棒小孩，爸媽又是如何對待他們的呢？事實上，這些爸媽多半都有自己的主張和原則，教養開明的父母並不會完全順從孩子的心意，他們比較懂得「有限度的開放」。並且不少會主動反應孩子上課成效的爸媽，便是屬於這一類型的家長。

而「有限度的開放」是指爸媽的教養較有彈性，可以傾聽孩子的意見，但不會每件事都依照他們的要求任意而為。例如孩子可自己安排寫功課或遊戲的時間，但絕不能草率完成或遲交。

在多次的親子教養諮詢中，曾經有媽媽無奈說出「拿自己的孩子完全沒辦法」，身為爸爸的我完全可以體會她們的心情。

「嚴父慈母」的教養模式很常見，再加上男女腦本來就不同，且女性的同理心比男性高；當女性照顧者看到孩子露出不開心的表情時，常會心軟，因為她們會希望孩子快樂，但過度的開放隨性，會使孩子往後的生活習慣流於鬆散。

因此，教養原則要堅定！或許忙碌的爸媽因沒時間和孩子相處，所以難免會有虧欠感，但當您看到他們被處罰或限制時，請先

了解其中原因，並且不要直接下任何評論或急著為孩子辯解，否則立場相反的管教會讓孩子沒有遵循方向。

單爸教養手記

- 🍀 爸媽或老師其中一方不宜在管教訓誡之後，立即給予物質補償。很多時候，爸媽會因教訓孩子而感到「不忍心」，當爸媽心底出現「最近很累，請孩子吃個大餐吧」、「今天破例讓孩子玩電腦遊戲，隨便他們玩到開心為止」的聲音時，要壓抑自己對他們的寵愛，否則管教成效將會大打折扣。

- 🍀 孩子若只是聽到規定或單純講道理，那麼訊息將成為一種聽覺刺激，不會有痛苦或深刻的反省效用，而孩子也會產生「我媽媽只是愛唸而已，忍耐等她罵完就沒事了」的錯誤認知，故父母在教養孩子時應配合犯錯時機，才能達到成效。

玩什麼都害怕
～放孩子出去遊玩～

多讓寶寶與人接觸、遊玩，可提升他對新事物挑戰的勇氣！

孩子玩遊戲時所出現的興趣缺缺，若不是因單純的身體不適，而是指孩子長期間，一直難以接受新挑戰或在新環境特別容易感到緊張者，那麼爸媽可以先評估是否要調整與寶寶的相處方式，或設法增加孩子更多的遊戲經驗。

爸媽常擔心孩子太好動而吵到其他人，總希望他們能安靜地乖乖待著。但我們必須注意，萬一孩子對陌生人或陌生環境容易感到

緊張、焦慮或玩什麼都害怕時，大人們便須協助提升他們的適應能力。

害怕玩的孩子

陳爸爸有位乖巧的兒子叫大寶，夫妻兩人平時忙於工作，上班前會先將孩子送到保姆家。晚上接回來後，即使再累也會講故事給兒子聽，希望從中能為孩子增加一些刺激。

每到休假日，爸媽還會特地帶大寶外出旅遊，但他們卻發現兒子似乎很膽小，無論到什麼地方都要依偎在爸媽身邊，不會像其他孩子一樣盡情玩耍。

陳媽媽表示，大寶在保姆家或家裡都算個好帶的孩子，但親朋好友常會提醒她：「小心啊！照顧男孩子要特別注意，小男孩多半會調皮搗蛋或破壞東西……」所以打從懷孕開始，陳媽媽就已做好心理準備。

不過，大寶自學會走路以來，親友好意的提醒卻一次也沒發生。兩人本來覺得兒子很乖，甚至還因他比別家孩子更守規矩而感到開心。

最近，他們開始計劃讓孩子上幼兒園，但陳媽媽帶著孩子連續參觀了三、四所學校，他都無法適應新老師與新環境，媽媽這才開始有些擔心。

給予孩子好奇的機會

　　孩子多半是好奇的，但為什麼有些孩子不論玩什麼都會感到害怕呢？

　　過去有人認為，不敢嘗試新遊戲的孩子缺乏安全感，爸媽要多鼓勵他。但有時即便不斷告訴孩子「寶寶啊！放心，那是安全的，爸媽會陪著你，不需要害怕」，或者「你長大了，要做個勇敢的孩子，不然別人會笑你唷」等鼓勵的言詞或激將法，甚至是耗費時間陪伴在旁，幼兒還是無法提升安全感和自信心。

　　對他們來說，身體神經系統的感受是直接影響其行為的第一主觀因素，所以神經系統太過敏感或感覺反應不足，都可能使孩子不願主動嘗試。

　　以目前的教學方法和親子互動層面來看，我們不再以孩子天生「內向」或「外向」的單一角度來論斷。專業且負責的老師會在提供爸媽任何相關的教育建議前，先深入客觀了解孩子從小的生活模式及其個別發展。

　　針對陳爸爸、媽媽的疑問，在老師實際與大寶相處後，發現這位孩子的前庭平衡反應比較敏感，不僅怕高，也不喜歡旋轉和速度快的遊戲，所以即便爸媽特別抽空帶孩子到公園或遊樂場玩，大寶也只會在旁看著而不想靠近嘗試，甚至也不會因為其他人的鼓勵而去玩。

　　對三歲多的大寶來說，我們應先慢慢調整他對高度、速度等容易緊張的身體反應。當他經過幾次大人在旁的陪伴練習，充分掌握到不會使自己跌倒的姿勢後，便會相信眼前的活動是安全，而去多

加嘗試。

　　如果孩子玩遊戲時興趣缺缺，不是因單純身體不舒服，而是長期不容易接受新遊戲或在新環境時感到特別緊張，那麼爸媽可以先評估是否要調整與寶寶的相處方式，或設法增加孩子更多的遊戲經驗。

☆ 為什麼孩子不願嘗試新遊戲？

不願嘗試的原因	改善方法
身處人際互動經驗較少的環境	☆聰明的寶寶雖不太會講話，但卻無時無刻地在傾聽和觀察，所以寶寶家庭和托育環境中的主要照顧者，其情緒特質會成為寶寶模仿學習的對象，可直接影響幼兒說話的語調和習慣用語。
過度的保護或禁止	☆照顧方式也會對幼兒產生暗示作用，保護過多的照顧者若不斷提示孩子「危險」、「你還小不會做」等訊息，將會減低寶寶主動和獨立探索的欲望，並容易養成依賴、怕生的性格。
感覺生理發展與自我控制能力	☆零到三歲是大腦神經細胞突觸連結最快的時期，觸覺、視覺、聽覺、前庭平衡覺、肌肉關節覺等感覺接收器的敏銳程度與神經、肌肉系統傳導和大腦的整合能力，必須經過反覆刺激才會漸漸發展成熟，所以感覺生理發展與自我控制能力有密切關係。

孩子不愛運動有什麼關係？

曾有小朋友的媽媽問：「孩子不愛運動有什麼關係呢？我小時候也是這樣長大的，一直以來體力還是不錯。」

對大人而言，照顧活動量比較低的孩子通常輕鬆又省力，甚至大多數的小孩也都是坐在電視機前度過他們的童年。但是經過我們各地的評量老師對許多的兒童發展評估進行統計後，發現普遍缺少運動的孩子在情緒、動作協調及應變能力等，都有需要明顯改善的現象。

各年齡層孩子的體能狀況不一樣，其身體所需的運動也會有所不同。爸媽可以引導孩子從小培養主動探索環境的好奇心，未來才會有較好的適應能力。

此外，運動還能增加大腦血清素的分泌，具有調節情緒及提升專注力的作用。所以，我在孩子上小學以前，會與他們一起在家中的遊戲室玩耍。進入小學階段後，便開始請專業教練指導我和兒子一起打球、游泳，並逐漸調整運動內容，如帶著他們爬山、騎單車或參加路跑運動等。

其實，爸媽都有專長的活動和興趣，盼望每個家庭都能找到適合自己的親子互動模式，為孩子奠定良好的生心理能力。

單爸教養手記

❀ 若請孩子參與活動，卻發現他們沒能立即反應，有可能是經驗不足、聽不懂老師講話的內容，或者是新環境有太多刺激要一次接收所致。因此，當遇到寶寶無法在第一時間加入新活動時，應先讓他在旁邊觀察，並且不要強烈地催促，以免使孩子更為緊張焦慮。

❀ 爸媽無須擔心寶寶安危而成天將他放在家裡，因為孩子需要與人接觸、遊戲，才能讓大腦的學習反應變快。故建議每週安排兩、三天的固定時間，和孩子一起到社區公園散步或遊戲，甚至也可讓孩子參加親友生日或特殊活動的聚會。

陪伴多少時間才夠？

～陪伴，要在對的時間做對的事～

多帶孩子參與戶外活動，連結其所學知識，可豐富孩子的大腦學習！

　　對孩子來說，愉快的心情可讓學習變得有趣好玩。但假使爸爸媽媽和孩子互動時因求好心切而語氣不耐，凝重的氣氛將讓孩子感受到壓力而影響學習效率。

　　爸媽其實不用對自己無法每天陪伴孩子而擔心，因孩子需要的是父母真心的關懷和安全感。若能花十分鐘陪孩子輕鬆地散步聊天，會比每天花兩小時坐在書桌旁緊盯孩子寫作業更有意義。

有小孩也不必放棄工作

雙薪家庭的比例超過一半以上，很多職業婦女都會擔心自己和孩子相處的時間會太少，所以有些準媽媽在懷孕後開始考慮要辭掉工作專心回家照顧小寶寶。

事實上，爸媽和孩子一起玩樂時，如果彼此都能感到愉快而共同留下難忘、珍貴的回憶，將遠比用心計較和孩子相處時間的長或短更為重要。

我們平時的工作和專業進修都與親子教育相關，教室裡也不乏正值生育年齡的老師和同事，無論男性或女性同樣都有兼顧育兒與工作的兩難，使得他們必須在上班輪職的空檔與家人協調照顧孩子的時間。

也許是比一般爸媽更懂得與孩子相處吧！所以，即使工作忙碌，甚至下班回家還要回覆學生家長所提出的緊急諮詢，他們仍然會騰出時間，專心與孩子相處，而非陪在身旁卻做自己的事。

對於孩子的教養，我的同事都有一套專屬方法。在他們的用心陪伴下，孩子不僅個性開朗且獨立懂事，若爸媽希望能有這種結果，就必須在孩子三歲前建立雙方的親子默契。

 ## 用好心情陪伴孩子

我認為女性如果在工作上具有發揮的空間與機會，並不一定要當全職媽媽才能教出棒小孩。在我身邊，確實親眼看到許多有智慧的爸媽和家人經過協調溝通後，達到育兒與工作平衡的良好示範。

相反地，也有部分家長雖刻意營造親子互動的機會，但總得不到預期的熱烈反應，忍不住感嘆自己的小孩不懂感恩。假使相處時發生了爭執，家長還會說：「下次不帶你出來玩了……」

同樣都是親子互動，為什麼會有兩極化的反應呢？經過進一步地觀察發現，爸媽和孩子相處時所做的事，將與當時大人的情緒有關！

也就是說，當爸媽在愉悅的心境下與孩子玩樂，親子雙方將能體會到自己被重視的幸福感；但若是心有旁騖地掛念其他事情，便難免會對孩子的動作、口氣不太好，這不僅是我們最容易忽略的細節，甚至還會影響親子間的安全依附關係。

小孩有特別敏銳的情緒感受力，他們因無法理解爸媽的擔心，便會單純以自己有限的理解來詮釋大人的表情和講話的聲調，假使他們嘗試幾次引起大人注意卻沒有得到適當回應，很可能會誤解成爸媽不理他或不想跟他玩了。

大人想和寶寶一起遊戲其實並不需要事先設定目的，也不一定要買名牌高檔的玩具，我發現受到孩子歡迎的成人都能夠掌握「細心觀察」和「引起共鳴」的重點。

與孩子玩遊戲就如同打桌球般，要掌握「遇強則強，遇弱則弱」的原則，透過一來一往的互動，感受對方的肢體語言、預測下一個動作並揣摩對方的情緒反應，才能擁有良好的互動。

別讓親子陪伴變成壓力

張媽媽覺得每天陪孩子做功課的這段時間，心情最低落……

「阿輝坐正一點、字要寫好看一點嘛！……阿輝，專心一點不要玩鉛筆！……」阿輝從小就是個體貼、善良的孩子，看到她做家事還會主動幫忙，但媽媽一直想不通，為什麼每天都要盯著孩子才能做完功課！

「什麼時候這孩子才能體諒媽媽的辛苦呢？」媽媽心裡忍不住感慨起來……

為人父母難免會有「望子成龍」的期盼，而成績的好壞便成為爸媽關注的焦點。很多家長在孩子進入小學以後，就出現與阿輝媽媽相似的困擾。

在重視課業成績的傳統觀念下，我們不難發現許多媽媽已經將「陪孩子做功課」這件事，當成重要工作來進行。然而值得深思的是，孩子成績的好壞和家長陪讀的時間長短並不一定成正比。

對孩子來說，愉快的心情可讓學習變得好玩有趣。但假使爸爸媽媽和孩子互動時因求好心切而語氣不耐，凝重的氣氛將讓孩子感受到壓力而影響學習效率。

以神經學角度來解釋，腦中化學物質的傳遞，會使大腦細胞突觸產生連結，進而改變大腦訊息的網絡結構。所以當人們感受到壓力時，其情緒所出現的化學變化不只改變了我們的心情，更干擾大腦理性思考和記憶學習的效果。

了解壓力對學習所造成的負面影響後，我們要避免在情緒緊張或壓力大時教導孩子功課，因為這時留給孩子印象最深的，很可能

不是大人所教的內容，而是大人處理情緒的方式。

　　現今生活步調緊湊，父母想要成功教出活潑快樂有自信的孩子，必須先學習調適情緒和抒解壓力，如此才能增進親子關係以維持家庭和諧。

　　此外，如果爸媽回想一下以往求學的經驗，就可知道自己最喜歡或最討厭的科目往往與老師的教導方式有關。活潑有趣的教學可引起孩子的學習樂趣，提高內在成就動機，進而引導他產生主動學習，甚至是期待下次上課的欲望。

　　因此，如果爸媽能將孩子的課程與其愉快的生活經驗做連結，便能建立較長久的記憶而不易遺忘，這種情緒牽動意義所產生的記憶學習方式，不僅符合孩子的心理需求，也是大腦學習的原理。

　　舉例來說，爸媽如果希望孩子的作文能言之有物，一定要將課堂上學到的內容融合到生活中。尤其在都市中長大的孩子，只能看到公園的花草，無法體會一年四季的自然變化，因此爸媽和孩子一起旅行或出遊的經驗，就成為孩子實際的體驗學習。我個人就特別重視戶外的親子活動，這是坐在家裡看電視或上作文課都無法超越的臨場真實感。

親子相處質量答題卡

爸爸姓名＿＿＿＿＿＿＿＿

媽媽姓名＿＿＿＿＿＿＿＿

Part 1. 想一想，您的親子互動時間是否有調整的必要呢？	是	否	不一定
1. 每天可以抽出10～15分鐘不做其他事情，只專心陪孩子玩？	☺	☹	😐
2. 無法每天看到小孩子，但是可以每週抽出2個鐘頭玩遊戲？	☺	☹	😐
3. 每天都會講故事或唸書給孩子聽嗎？	☺	☹	😐
4. 每天會關心孩子與同學的相處狀況嗎？	☺	☹	😐
5. 會特別空出時間，專心陪孩子聊天嗎？	☺	☹	😐

Part 2. 想一想，您的親子互動品質是否有調整的必要呢？	複　選
你最常和孩子一起做的事情有哪些呢？	□ a. 看電視
	□ b. 玩遊戲
	□ c. 講故事
	□ d. 散步
	□ e. 逛街買東西
	□ f. 騎單車
	□ g. 運動
	□ h. 接送上課
	□ i. 陪孩子寫功課
	□ j. 幫孩子做考前複習

test～

測驗說明

①. Part 1. 回答3個「是」以上，代表擁有較好的陪伴量，反之則需要加強。

②. Part 2. 勾選越多者，代表擁有較好的陪伴品質。另外，選看電視的爸媽，若沒在當下與孩子講解或互動，則應改善方式，例如針對時事給予孩子發表感想的機會，藉此了解其內心世界。

單爸教養手記

🍀 爸媽陪伴孩子時，常會因孩子講話和溝通方式而出現意見不合，導致氣氛嚴肅凝重。若希望親子相處愉快，我們應教導孩子將表達所用的詞彙與情境做結合。雖說在學習過程中，難免會講錯話或用錯形容詞，但爸媽要耐心開導和解釋，切勿太快斥責孩子不禮貌或誤會他們沒有同理心。

要不要上幼兒園？
～建立基本能力及態度最重要～

孩子在接受正式教育前，應先讓他們具備擁有面對未來課業的基本能力！

　　孩子長大後的聰明程度與上幼兒園的時間長短並無絕對關係。對於那些擁有高度主動學習動機以及在不同領域獲得優異成績的孩子，其正向態度大多來自熱情開朗的爸爸或媽媽，以及親子互動密切的家庭。

　　每到了寒暑假結束前，老師們總會接到媽媽煩惱小孩不想上學等類似諮詢電話。特別是要去幼兒園上課的小孩，爸媽難免會為每

天早晨必須費力叫孩子起床、接送等重複、單調的工作感到煩悶，還有人忍不住會想：「哎呀，不如讓孩子在家就好了，為什麼要這麼麻煩每天送孩子去上學呢？」

幼兒園不是國民義務教育，但爸媽還是會為孩子挑選風評好的學校，或者是自己來教，其原因是「不想讓孩子輸在起跑點上」。

但我個人覺得在幼兒園階段的小孩，最重要的任務不是比別的小朋友更快學會小學低年級的課業，而是要在進入正式學習前，先活化孩子的大腦，使其反應靈巧，以累積面對未來學業問題的能量。另外，也要讓孩子透過與同齡小朋友的相處機會培養同理心，進而養成良好的人際互動。

學前能力的培養

「學前教育」是一門很專業的學問，千萬不能輕忽小小孩在這段期間的身心發展，特別是即將進入小學的前一兩年，這是孩子練習適應團體生活的重要階段。

然而，即使爸媽選擇暫時在家教育，也必須提供孩子與同齡小朋友相處的機會。因為長期受到爸媽陪伴的孩子，會習慣大人的協助而只做被動的接受者，那麼當他們進入小學的團體活動時，很可能會因不知道如何與其他小朋友溝通而受挫，這時才要調整習慣及適應環境就會辛苦些。

在參與我們親子教育專業輔導的家庭中，只有少數孩子進小學前先上了半年幼兒園；也有一些孩子因為爸媽白天都要上班工作，家中沒有專人照顧，所以未滿兩歲就開始去托兒所，而爸媽也會定

期前來向專業老師諮詢如何在有限時間內，進行合適的家庭親子活動。

　　經過十年的觀察下來，資深的老師們反應孩子長大後的聰明程度與上幼兒園的時間長短並無絕對關係。對於那些擁有高度主動學習動機，以及在不同領域獲得優異成績的孩子，其正向態度大多來自熱情開朗的爸爸或媽媽，以及親子互動密切的家庭！

　　🌸 孩子在各個年齡層要有不同的指導原則，萬一遇到育兒和教育相關等問題，應虛心請教有經驗的專家，而不是一味要求學校老師依照自己設想的方法來管教孩子。

為什麼孩子會講不聽？

～理性與耐心地看待孩子行為～

孩子看似調皮的舉動並非搗蛋，爸媽應理性看待並予以糾正！

　　培養棒小孩的目標，是將來孩子無論學習任何事都能感到有趣，甚至擁有極佳的問題解決力，並能投入較長時間來挑戰別人所認為困難的事情。

　　大人常常責怪孩子，生氣時還會一直追問：「為什麼你總是講不聽？」在這種狀況下，孩子不只沒有辦法說清楚，反而還會使親子雙方陷入僵持。

爸媽在教養孩子時，常會為了「一再重複叮嚀」而感到困擾，剖析這類教養問題，我們比較常見以下狀況：

一、孩子已了解是非對錯，但還是無法抑制好奇的衝動。

幼兒園階段的孩子很容易在闖禍之後大哭起來，雖知道不能做錯事卻又常在無意中犯錯，但他們真正需要的並不是因年紀小而一再地被原諒，爸媽應想辦法幫助他們學會控制自己的衝動。

舉例來說，許多孩子喜歡從面紙盒裡抽出一張又一張的面紙，這時媽媽看見了，可能連一句話都還沒開始說，孩子便會先大哭起來。

如果在這種情況下，媽媽大聲斥責孩子：「為什麼要浪費東西，弄得亂七八糟？」小朋友只會嚇一跳，根本講不出理由。或者爸媽可能接著問：「抽面紙有什麼好玩的？」

孩子啞口無言的反應，使得媽媽更生氣，進而開始一連串的說教，或者生悶氣地想：「為什麼孩子都講不聽，自己辛苦教了很多次也沒有用……」此時負面情緒便排山倒海地蔓延開來。

其實，「抽面紙」對大人來說當然沒意思，但幼小的孩子們可不這麼認為。因為每一種新感覺都是不同的刺激，假使孩子用力從紙盒內抽出面紙，其所發出的摩擦聲與輕輕抽的聲音不太一樣，孩子會因此覺得有趣而重複玩，但他們並沒有故意惹大人生氣的意思，只不過是好奇地在玩實驗遊戲，故爸媽不需做太多的聯想。

諸如浪費紙張或水資源都是不好的行為，當父母發現孩子又做了類似的事情時，我們必須用嚴肅的表情告訴他們「這是不對的」。

平時也要留意家中物品的收納，將不適合孩子把玩的東西收在他們拿不到的地方。事實上，純真的幼兒並不會故意唱反調，父母應幫助孩子玩些需要同時靈活他們身體和視聽覺反應的遊戲，藉此活化孩子的大腦和感覺神經系統，如此他們才能聽懂爸媽的指示而停止動作。

二、交待事情的時間和方法不對，所以孩子沒有聽清楚。

當孩子看電視或專心操作玩具時，因必須集中精神，所以大腦會抑制外界較不重要的聲音，讓自己專注在目標物上。

故媽媽若在孩子看不到的地方講話，就算是重複說了很多次，孩子也有可能沒聽見，或者只是聽到聲音但不清楚媽媽所講的內容。

因此，如果大人想交待孩子做事情，正確的做法是講話時要讓孩子看得見你，並且不要隔著一段距離下指令。

三、孩子認為無所謂，反正現在不做，等一下也會有人做好。

爸媽因擔心孩子做不好或動作不夠熟練，所以經常會忍不住出手幫忙或順手直接做，不僅玩遊戲如此，就連要求孩子做家事也是一樣。

假使我們希望孩子能做好分內的事，但卻不等孩子自己行動或因孩子少做一半而出手幫忙，長期下來便會降低孩子繼續完成的意願。因他們會出現「自己做不好，反正媽媽來做比較快」，甚至是「媽媽只是愛唸，等一下就會幫忙完成」的認知。

因此，我們一定要改掉順手協助的行為，不要太早滿足孩子的求助，應培養他動腦思考、親手嘗試的習慣。如此一來，當我們要

求孩子做事時，就不會出現「爸媽催促，孩子不聽」的問題了！

單爸教養手記

✽ 孩子在上小學之前必須有足夠的感覺刺激與活動，才能靜下來學習，但關鍵在於「動」也要有「目標性」，絕對不是沒有章法地到處亂跑，否則大腦感覺將無法達到統整的效果！

✽ 培養棒小孩的目標，是將來孩子無論學習任何事都能感到有趣，甚至擁有極佳的問題解決力，並能投入較長時間來挑戰別人所認為困難的事情。

生活處處是教養
～再小也要做好基本禮貌～

從小注意生活中的任何細節並做到精細，才能發展合宜適當的表現！

在心中，我們一定要隨時擁有「感恩回饋、尊重對方」的觀念，這時人與人的相處才會融洽。然而，調整改善孩子的行為，並非提醒一兩次就能學會並做到，這需要爸媽長期的耐心與不斷的指導，直至孩子養成習慣為止。因此，爸媽的堅持度必須比孩子更為穩定才行。

我想起三、四十年前的家鄉，不管是走在學校或路上都能經常

看到牆面上的明顯標語——「守時、守法、守分」或「維護整潔不亂丟垃圾」等基本道德觀念，大大的文字用油漆寫滿整片水泥牆，實在稱不上美觀，但也教人無法忽視它的存在！

如今，這些寫在牆上的標語已不復見，偶爾在內地出差時看到，還會覺得特別熟悉。

 ## 視覺印象的潛移默化效果

我在家裡也會張貼一些想給孩子加強印象的短文或好句子，有時是冰箱上，有時則是放在孩子的書桌。

大多數的父母通常都會無意識地想討好孩子，所以有時在教養上便會不自覺地放鬆。但我發現，若將不錯的觀念張貼在家人都看得到的地方，便能對自己產生新的刺激，雖說主要目的是給孩子加深印象，但有時也正好提醒自己，以隨時修正行為。

在日常生活中，爸媽應隨時培養孩子的禮貌習慣。當孩子會講話時便要開始教導，而明確可以做好的時間大約是四、五歲左右；此外，當孩子能與大人產生互動並溝通時，就要教導他們說話的藝術。

在進入小學以前，棒小孩不應只是講話流利就夠了，我們還要要指導他合宜大方的應對進退，了解正確的發言時機，不應隨便插話或吵鬧不休。

禮貌，從生活細節做起

　　或許是小時候受到爸媽教育的影響，我相當重視孩子講話的禮貌性，總是希望孩子表達得宜，所以當他們說話不適當時，我會及時糾正。

　　舉例來說，有一天聽到媽媽問小兒子：「你要吃東西嗎？」

　　小兒子頭也不抬地回應：「隨便！」接著，媽媽便轉身準備。

　　看到這個景象，我當下把兒子叫過來，告訴他不可以用這種口氣和媽媽說話，雖然剛才媽媽一點也沒有生氣或感覺不妥，但我並不希望他以如此輕率的方式回應，如果習慣回答「隨便」、「還好」而不能明確傳遞自己的真正想法，也容易給不熟悉的人產生「沒有誠意」、「缺乏禮貌」的印象。

　　然而，類似的情況發生在大兒子身上，他與媽媽的互動對話就不一樣了。由於大兒子下課回家後已經很晚，一進門又趕著回房準備隔天的考試，但只要他聽到媽媽在門口關心詢問：「要吃東西嗎？」

　　他也會很有禮貌地走到媽媽身邊說：「謝謝媽，我不吃了！」雖然話語簡短，但親自走去回應的態度就顯得較有禮貌且穩重。哥哥畢竟大了弟弟三歲，所以被糾正的次數當然更多，回答方式也就比以往更為成熟進步。

　　在心中，我們一定要隨時擁有「感恩回饋、尊重對方」的觀念，這時人與人的相處才會融洽。然而，調整改善孩子的行為，並非提醒一兩次就能學會並做到，這需要爸媽長期的耐心與不斷的指導，直至孩子養成習慣為止。因此，爸媽的堅持度必須比孩子更為

穩定才行。

❀ 建立孩子正確的做法，要同時運用讚美和肯定，而不是一味要求
與強迫，唯有讓孩子心甘情願的接受，才能養成固定的好習慣。

❀ 對於正確的行為，爸媽要維持堅定的態度，即使孩子執行的興致
不高，仍須要求孩子做完。因孩子合宜行為的建立，父母態度是
成功關鍵。

❀ 小學階段是建立觀念最重要的時期，若行為教養今天不做，未來
就會後悔！

第**3**章

彈性教養，
兒童潛能發揮無限度

小學時期，爸媽所給予的教養觀念是影響最大的階段，

這是孩子建立自信，培養為人處事的重要時期。

無論是情緒調節能力、學習及生活習慣等方面，

若能早一點發現孩子的缺失，肯定還來得及補強，

但是萬一錯過了小學階段，

往往就要花費十倍以上的時間和精神來挽救。

自我感覺別太良好

～讚美符合實際行為～

空泛的讚美，是給孩子的糖衣毒藥；唯有經過努力所獲得的肯定，才具有鼓勵意義！

　　大部分的人都會不自覺地專注別人高評價的表現，所以當孩子做出幫助他人的「利他行為」時，要立即稱讚；若發現不是屬於孩子透過本身努力所得到的成果，千萬不要過度表揚，以免孩子感覺良好而不自知。

　　大人經常忍不住稱讚小寶貝天真可愛，但明智的爸媽，並不會讓孩子沉浸於不真實的讚美當中……

給予孩子適時的鼓勵可以增強他努力做好的動機，但並非過度誇讚才有效果，也就是「不要給孩子過度的讚賞」，因虛有其表的讚頌言論，只會讓孩子活在不切實際的夢幻當中。

　　我們可以看到不少年紀輕輕的明星，在透過傳播媒體的報導後，變得大有名氣，不僅生活與學習漸漸失衡，甚至因難以抵抗外界誘惑而失去所有，那真是我們教養子女時的最佳借鏡啊！

拆掉包裝後的禮物

　　我時常呼籲大人別對小孩說：「你命好啊！以後不必太努力也沒關係，反正……」、「妳長得這麼可愛，以後一定可以……」

　　即便孩子確實擁有很好的家世背景，或天生具有天賦異稟，或從小長得可愛且人緣特好……但這些都是他們本身就享有的外在優勢，並非孩子努力獲得，因此我不建議父母一再強調來加深孩子的印象，否則他們很可能會活在虛幻的精美包裝中。

　　每個人都喜歡看見孩子天真可愛的笑容，遇到活潑討喜的孩子也常會忍不住稱讚，故不少年輕媽媽在能力範圍內，總會想辦法幫孩子精心打扮，或者讓孩子學習才藝，希望他們能傑出亮眼、受到矚目。

　　但是，習慣過度包裝、保護的孩子，總有一天必須面對學校和社會上的現實考驗。這時，當美麗的包裝紙被一層一層撕下後，實際的內容物還會吸引別人的目光嗎？我認為，這才會顯現一個人的真正價值。

　　管教和讚美的收放要有彈性，太緊和太鬆都不適合。但管教的

尺度確實很難說清楚講明白，全憑爸媽對孩子的細心觀察以及家庭生活中的互動模式。由於爸媽和孩子的性格不同，所以沒有一套方法可以適用於任何家庭。因此，為人父母必須多加留意，找出屬於自己和孩子的相處之道！

最近常聽到兒子們討論某人「自我感覺良好」，並做了些自以為是的行為讓大家感到不舒服……。我從孩子不經意的聊天當中能聽出，那位覺得自己很好的同學，似乎並不知道自己的實力，而且還會經常誇大炫耀，讓其他人出現反感而不自知。

這時，我還是忍不住告訴兒子：「不要太快喜歡或討厭誰，要試著留意那位同學是否有大家還沒發掘的優點，並練習看見每位同學的好或者他做了什麼對大家有幫助的事，以此作為模範；但如果他確實有缺點，也要隨時檢視自己，避免出現同樣問題。」

世界上，有很多孩子缺乏自信心，需要得到他人的認同，因此他們會想辦法爭取別人的注意，希望自己能成為他人羨慕的對象。但每個人都有自己的專長，爸媽有責任協助孩子找到自己的強項；並且應讓孩子了解，要得到大家的尊敬，必須要有真正實力而非空有美麗外殼。

付出努力，才能得到賞識

表象的讚美就如同美麗的包裝紙，很容易被其外表炫惑，因此我們必須教導孩子培養內在實力。

平時，我們更應建立孩子「有勞才有得」、「一分耕耘，一分收穫」、「天下沒有白吃的午餐」等觀念。

愛迪生曾說：「天才是一分的天分，加上九十九分的努力」，這句話確實低估了天生遺傳的因素，故教育專家們又提出新的論點：「一個人是否能發揮天分，先天遺傳約占48％，後天教育決定了另外52％的成功機會。」

而「先天48％加上後天的52％等於成功」的見解，為爸媽帶來很大的希望，也因此他們不會放棄仍在學習的孩子，也不會過分強迫孩子做他原本就不擅長的事。

其實，如何評估孩子的智能高低，一直以來都是各國專家爭論不休的議題。由於每個孩子的生活環境不同，社會文化的整體價值觀也不一樣，所以一個人的某種優勢若換到另一個地方發揮，也不見得會得到同樣的重視。

因此，我認為與其趕流行地幫孩子補習最新才藝，不如培養他們不斷學習的主動性及好奇心，使孩子將來具備適應不同環境的基本能力。並且，當孩子透過努力而得到成就時，爸媽應不吝惜讚美，給予孩子正面鼓勵，使其繼續維持。

單爸教養手記

※ 大部分的人都會不自覺地專注別人高評價的表現，所以當孩子做出幫助他人的「利他行為」時，要立即稱讚；若發現不是屬於孩子透過本身努力所得到的成果，千萬不要過度表揚，以免孩子感覺良好而不自知。

有聽，有沒有懂？
～生活經驗讓學習更鮮活～

大人應用不同的角度來看孩子，因還在探索的他們，需要大人更多的關注！

爸媽若希望孩子覺得學習是好玩有趣，那就不能強迫他們呆板的死記。我常用聊天、帶孩子實際旅行的機會與孩子交流並交換彼此想法。即便幼小的孩子提出天馬行空的問題，大人也不應制止，以免扼殺孩子的創意幼苗。

對年紀小的孩子來說，文字只是符號，能否真正理解眼睛所看到的文字含意，其實與孩子的生活經驗大有關係。若太早強迫孩子

死背字義而沒有徹底了解，只會讓孩子失去讀書的樂趣。

 ### 青出於藍的喜悅

　　有一天，我和兒子打球結束後閒聊，突然發現彼此喜歡和討厭的食物很像，且對於「討厭」的形容也一模一樣，這實在太有趣了。兒子說，這就是「基因遺傳」的影響，最近學校剛好教到相關內容，他還認真地說自己融合了「三分之一爸爸的基因、三分之一媽媽的基因，還有三分之一是爸媽融合後屬於自己的……」

　　聽完兒子清楚分析自己的性格特質，並介紹學校所教的內容後，內心瞬間湧起一股欣慰，因為看著孩子在自己面前自信且大方地詳細解說，那一刻，我很開心兒子不會重複爸爸過去那段痛苦的求學經歷，心裡不禁讚嘆：「教育真的太重要了啊！」

 ### 聽不懂，當然提不起興趣

　　過去十年來，我參與無數個學校活動，發現有個仍須重視的潛在教育問題──似乎「不想上學」比「沒有機會上學」的孩子更多。每場演講上，都會遇到被爸媽及家人們完整照顧的孩子，但他們卻不知道自己為什麼要上學，更不懂每天必須坐在教室裡的意義！

　　大人多半會責怪有這些想法的孩子不懂「惜福」，但因為我自己也曾有過類似的經驗，所以能夠理解那種坐在教室裡上課卻聽不懂的窘境。

另外，也有部分孩子只是暫時還沒找到學習方法，不能感受其中樂趣，因此我們若能幫助孩子將所學知識，連結與自己息息相關的事物，他們也會期待每天的學習！

而學校教導的每一個科目，其實都是我們周遭生活包括食、衣、住、行等一切基礎。

例如孩子喜歡交朋友，就要學習溝通，並非只是會說話即可，如果想做一個「言之有物」的人，首先要學好「語文」和「社會人文」，在了解別人後，說出得體的話，如此才能獲得他人的認同。

學習「數學」和「科學」也不只是應付學校考試，懂得越多就越能幫助我們解決問題，減少犯錯機會。當然，如果將其所學知識舉一反三，再加以創造發明，還可進一步幫助大眾過更好的生活品質。

爸媽若希望孩子覺得學習是好玩有趣，那就不能強迫他們呆板的死記。我常用聊天、帶孩子實際旅行的機會與孩子交流並交換彼此想法。即便幼小的孩子提出天馬行空的問題，大人也不應制止，以免扼殺孩子的創意幼苗。

將學習轉化為實際操作

有些孩子很容易把同音異字的詞句聯想在一起，所以常會鬧出笑話。我猜想，如果這樣的情形發生在教室裡，而老師又沒辦法在第一時間察覺學生會錯意，那麼很有可能錯過孩子的學習機會。

進一步地，我又想到：「萬一我們發現孩子的理解能力不好而有『雞同鴨講』的狀況時，似乎不能只是當作好笑的對話就算了，

因為小學以後若還沒改善，很有可能是孩子真的聽不懂而需要協助，只是師長們一直沒有發現！」由於我個人曾有過不愉快的學習經驗，因此更不希望孩子將來也遇到相同的學習壓力。

小時候的我曾經在學習上遇到困難，但又沒有機會得到幫助，所以成績並不好。

在進入高中以前，我的個子並不高，內向害羞也不敢主動找別人說話，所以遇到上課聽不懂的時候，根本連舉手發問的勇氣也沒有，只能默默坐在教室裡，努力聽著鄉音很重的老師講課……

老實說，我每天就像個好學生一樣坐著上課，但真的能引發我學習興趣的內容並不多，因而迷迷糊糊地度過了從小學到國中的求學階段。那時候的我，幾乎就像個隱形的孩子。

「聽不懂，當然沒興趣了！」記得有次討論到如何增強孩子學習動機的時候，負責課程研發的專家們感慨萬千地表示，他們也不認為孩子會在一夜之間開竅。

因為小學到國中是基礎課程的學習階段，就拿大家最頭痛的「數學」來說，各單元有其前後連貫性，如果中年級時有部分沒聽懂，升上高年級後就不容易接續，進入國中時就只有坐在教室裡發呆的份了。

劉經理是教導數學資優生的老師，他經常提醒老師們要告訴爸媽，如果想讓孩子參加課後的個別輔導，就不要比較補習班所教的進度是否超前學校半年或一年，反而要「確實判斷孩子到底能否真正理解」！

原來孩子嘴上回答：「聽到了！」可不見得真的有「聽懂」，

「看見」也不等於有「看懂」——這實在太重要了，一語道破孩子花很多時間補習，成績依舊沒有進步的根本原因。而我們若希望減輕孩子的學習負擔，就要投注更多心力去觀察。

這十多年來，我長期在家和兒子一起進行遊戲，並同時觀察周遭孩子們的成長過程，我越來越相信人類大腦的學習能力是持續發展的。

當我開始研究「兒童是如何學習」這件事時，強烈的好奇動機驅使我不斷透過親身實踐，努力學著讓自己冷靜下來並進行反覆的思考。對我來說，每種新知識只要透過身體的操作，便可以使我獲得更好的領悟，自然也就減少了害怕和排斥的無形恐懼。

經過這段期間的親身嘗試，我感覺到自己學習整合的能力提升許多、理解力也變快。這也證實，當我們是主動性地為大腦輸入資訊，知識的吸收會更快！當然，將其應用到小孩的學習上，我相信透過不同的刺激，他們終會跨過心底那條對學習的無形「恐懼線」，爆發他們潛藏的能力！

🍀 「學習」就是學到任何新知識後，一定要透過自身的操作轉化為習慣，否則就只是空談。

「零用錢」的教育作用
～讓孩子自己支配零用錢～

給予孩子「零用錢」，能教導孩子控制需求、
欲望，及學習為自己負責！

　　如果孩子缺少什麼，爸媽無條件的提供，孩子便永遠也不會了
解「付出才有收穫」的道理。

　　大部分的小孩，不太有機會看到爸媽辛苦工作的過程，但卻經
常見到爸媽從自動提款機領錢，甚至有的孩子還誤認為提款機會自
己吐出鈔票，聽到這種錯誤迷思，著實讓人擔心下一代的未來。

控制需求與購買慾望

我希望孩子不僅從小要學會管理和珍惜財富，並要養成節約不浪費的習慣。所以從上小學開始，我會固定給兒子零用錢，他們可以自己決定花掉或儲蓄，但我唯一的要求就是他們每月在支領新月分的零用錢時，必須將上個月的記帳明細給我看。

通常我會以兒子的記帳內容詢問：「這個為什麼要買？」目的是讓孩子想想使用這筆錢的當下是「需要」還是「想要」。接著，再繼續問他：「如果這東西不買會怎麼樣？」

「最近有沒有買什麼東西只有開心一下子，但很快就沒感覺的呢？」偶爾，我也會好奇問問孩子買到自己想要的東西後，開心的時間維持了多久。

原則上，我只會給孩子固定的小額零用錢，他們可自行規劃用途，但唯一不能買的是垃圾食物或飲料。此外，我還會經常引導孩子說出自己花錢後的感受，目的是想建立他們自我管理及思考後果的金錢使用觀。

為自己的行為付出代價

我認為零用錢除了讓孩子自行規劃使用外，假使孩子的行為涉及損害他人物品時，我也會要求他們拿出零用錢賠償，以示負責。

「今天珩奕在學校闖禍了！」某天下班回家，才進門就感覺到家裡凝重的氣氛，媽媽臉上掛著怒氣，簡短交待一句話後就不想多說了。

我心想：「哎呀，媽媽每天接送你上下課，這麼辛苦用心地照顧你，竟然還闖禍惹媽媽生氣，實在很不應該！」

這時，我放下所有事情，先找當事人了解整件事的來龍去脈。

結果一問之下，才知道原來小兒子下課和同學玩耍，弄丟對方帶來的足球，後來被同學告到老師那兒，並要求他賠償。

但小兒子認為，同學也有一起玩足球，為什麼球不見卻要他一個人負責，雖然感覺到珩奕有些不服氣，但我還是告訴兒子做錯事就要負責，所以今天必須買顆新球還給他，明天還要自己拿去學校，當著同學的面道歉。

「爸爸現在陪你去買球，但今天你必須使用自己的零用錢，因為是你不小心犯錯，所以爸爸媽媽不能幫你付。」剛才還在生氣的媽媽一聽到，便露出懷疑的眼神，我堅定地向她使個眼色，希望媽媽暫時不要出聲。

這時，珩奕心疼自己要拿出零用錢賠償，便問：「拿多少錢？要買一樣的嗎？」

「是的，將你全部的零用錢都帶著，萬一不夠用，爸爸可以先借你；而且我們現在就要出發，否則太晚，店家就休息了。」

那天晚上，兒子為了買球，花很久的時間挑選，因為選不到同一品牌，後來買了一顆外觀相似的……儘管如此，我依然堅持孩子必須購買價格較高的球給對方。

針對賠償同學損失的觀念，我告訴他：「我們要做個負責任的人就不能投機取巧，既然是賠償就必須有足夠的誠意才行。」我想藉這次機會讓他了解金錢與負責之間的關連性。

我不確定這段經驗在兒子長大後還會不會記得？但兒子付出自己花了好多個月所存下來的零用錢後，臉上表情看起來很心疼，應該會有很長一段時間都會記取教訓吧！

當天深夜，我與媽媽分享心得：「這是一次很棒的經驗，我們要學習堅強看著孩子接受事實，因為機會教育很重要。與其和孩子講道理不如讓他們身體力行，只有自己親身感受過，才能留下深刻的印象，這就是成長！」

其實對大人來說，幫孩子買顆球只是舉手之勞，但那天晚上我堅持孩子賠償是因為我想讓兒子親身經歷自己付出代價的感受，並在過程中，建立他們負責的態度。

爸媽不能沒有限制的滿足孩子，尤其當孩子的年紀越大，就要學習對自己的行為負責，做錯事時就應該接受適當的處分，決不能依賴爸媽為自己善後。

單爸教養手記

🍀 我們應教導孩子做錯事情就必須付出代價，因為我們正在培養未來成功者負責的態度。並且，爸媽必須堅持信念，避免心軟，以免反覆替孩子收拾殘局。

需要換老師嗎？
～理解孩子的真正需求～

孩子與老師需要有磨合的過程，爸媽應傾聽孩子內心需求，幫助他們適應團體生活！

孩子入學後，首要學習的是調整身心來適應團體生活。當自己不再是全家人關注的焦點時，習慣被呵護長大的孩子難免會有失落感。因此身為家長，我們應理解孩子的心情！

有好幾次的親職講座結束後，遇到不同媽媽提出相同的問題：「我家小孩最近突然很不喜歡上學，可能學校老師的管教方式和他合不來，我不希望孩子被貼上標籤，如果轉班換其他老師會不會比

較好？」

給予師生間的磨合機會

早在二、三十年前的台灣社會，很少家長會有這種想法，因為以前學校不多，小孩子能接受教育的機會非常難得，那通常是少數人才有的特權。再加上當時學校選擇少、師權極高，家長多半沒有選擇老師的權利。

但如今社會環境劇變，隨著經濟成長和教育的普及，新學校不斷成立、老師逐年增加，學生人數卻反而減少。現在年輕爸媽的教育知識水平普遍提高，崇尚自由、不喜歡受到限制，因此在教養孩子時也不喜歡強迫管束。

我們是否可以冷靜思考「孩子真正需要的是什麼」，特別是在進行「教育」或「教養」相關的選擇和決定時，更要避免盲目追隨流行，甚至也不一定是廣告多的學校或補習班就最好，爸媽應具備判斷能力，才不會盲從抉擇。

「為什麼想幫孩子換老師或轉班級呢？」當我們出現這種想法時，最好先冷靜觀察孩子一陣子，請教有經驗的人進行客觀的評估，不要只是聽孩子說不喜歡，就放棄和老師溝通。

畢竟人與人的相處需要經過磨合、認識的過程，才能做好溝通，千萬不要輕易斷定一個人的好壞或合拍程度。同樣地，師生之間以及老師和家長也需要磨合，尤其是年紀還小的孩子，他們需要較長的時間來與老師相互了解。此外，爸媽當然也要考量老師在教學上的熱忱及合適性問題，但從另一個角度來思考，我們或許能幫

孩子找到一個與老師相處的合宜方式！

　　畢竟人生不可能每件事都順心如意，每個人都是在不完美中學習調整。如果孩子對老師或學校一方有任何不滿意，父母就急著幫他們更換，那麼孩子該如何培養對環境的適應能力呢？

常見孩子「不喜歡老師」的原因	爸媽教養原則
1. 老師因沒有特別注意到自己，故藉機抱怨以引起大人關心。 2. 對老師的處罰和規定感到不公平。 3. 對上課內容或教學方式提不起興趣。 4. 抱怨老師太兇，認為老師不喜歡自己（聽覺敏感型的孩子最容易出現類似感受）。	1. 請孩子說說看為什麼不喜歡老師，學校發生了什麼事情嗎？ 2. 想一想，引發孩子負面情緒的事件或狀況是可以改善的嗎？ 3. 與老師誠懇的溝通，並請教老師該如何一起幫助孩子找回學習熱情。

 教導棒小孩與人相處

　　孩子入學後，首要學習的是調整身心來適應團體生活。當自己不再是全家人關注的焦點時，習慣被呵護長大的孩子難免會有失落感，所以我們要理解孩子的心情，特別是喜歡受到他人注意的小朋友，如果沒有得到同學或老師的特別關切就會提不起勁來。

　　通常爸媽這時可跟孩子說：「老師很辛苦，必須照顧班上全部同學，當然不可能跟每位小朋友一一提醒每件事，所以在教室必須注意聽老師講話，並且認真記下來才不會忘記。」

　　此外，爸媽還可請孩子主動幫助老師或其他同學。由於剛進入團體生活的孩子不懂得如何交朋友，大人可鼓勵他們多與人分享，

學習當一個關心他人、樂於助人的棒小孩。

由於孩子理解力還不夠成熟，所以對於大人所講的話難免會產生誤解。例如遇到老師訂定規則時，同一個教室的學生並不見得每個人都能「聽懂」而立即做出回應。

此外，低年級的學生常會以物質做為交換條件，例如常把新買的文具送給同學，因為班上同學說：「如果你不送給我，就不跟你當好朋友了！」

事實上，年幼的孩子們沒有金錢概念，也不太懂東西的價值。所以，爸媽必須關心孩子的生活用品有沒有無故變多，或經常吵著要買新文具，因這些小細節都隱含著孩子可能在學校出現了問題，並且父母也應和老師保持更多的緊密互動，才能密切了解孩子在校狀況。

彈性應變教養模式

在我們家，主要是由媽媽負責照顧孩子的生活起居，悉心觀察孩子的適應狀況和學習進度。並且，媽媽與老師及兒子同學的家長間都有良好的互動。

如今，兩位兒子今年分別從國中、國小畢業了，而我們家的媽媽和兒子同學的家長也都變成了好朋友，常常透過電話交換教子經驗，並了解孩子們最近的校外生活，甚至還可輔導其他同學與父母之間的問題呢！

單爸教養手記

🍀 當孩子抱怨時，如果強迫他們接受大人命令或抑制孩子發言，反而會有不良效果，故爸媽可採取以下三個原則：

1. 請耐心了解引起孩子不滿的真實狀況，是否確實事出有因或者只是想引起關注。

2. 不要輕易忽略孩子的意見，也不能一味支持孩子的說法而附和他們。

3. 應理性採取積極改善的方式，以降低抱怨事件所帶來的負面影響。

朗讀好文章
～無聲勝有聲的觀念傳遞～

無聲的優質文章，不僅能培養孩子的寫作能力，更能默默灌輸孩子正確觀念！

對於孩子的負面行為，我們不需要強烈的教訓批評和體罰，或許提供一篇觀念正確的優質文章，孩子反而能從文字的洗禮中，自動轉向正規途徑。

從兒子學會識字以後，我便教他們朗讀繪本給大家聽。剛開始是念些短句，一直到中年級後就變成短文，孩子所念的短篇文章多半是從報章雜誌影印下來，等孩子念完後就會暫時貼在他們房間的

牆上（藝文區），直到我和媽媽又找到新資訊與他們分享！

我們的眼睛會在看到文字後經由嘴巴帶出，這是一個簡單的大腦整合過程。因此，朗讀時要請孩子大聲念出聲音，爸媽也可藉此檢視孩子的詞彙能力，並及時發現孩子有無跳行、跳字的問題，以進行調整、改善。

 ## 「朗讀」，促進溝通力

這是一個需要溝通表達的時代，講話的聲音語調也代表一個人的形象，而我覺得朗讀是很好的練習。

大多數人不習慣在眾人面前發表意見，擔心自己講話不得體，因我個人就有深刻的體會。但說話順暢度其實可透過練習而進步，所以大人們請別隨意取笑孩子的發音不正確，反而要更耐心傾聽他們說話，盡量鼓勵孩子在他人面前發表言論或分享故事。

通常內向害羞、不善於交際的大人，若待在熟悉的家中大聲練習念文章，便能減少「緊張感」；甚至若能維持長期固定的朗誦練習，還能有效提升閱讀速度和講話流暢度。尤其鼓勵年紀小的孩子朗誦，可提早培養他們良好的社交與溝通能力。

無聲的親子溝通

在家裡，我經常和孩子分享文章，這不僅變成我們的生活習慣，也是替兒子建立價值觀的變相傳遞法。

由於後來兒子的課業變重，我也因為工作忙碌的關係經常不在

家，所以能與兒子討論文章內容或分享感想的時間很不固定，然而放在餐桌或兒子書桌上的文章，其重要觀念卻在潛移默化中深入孩子內心，即便事隔多年，還是能從兒子的談話裡聽出來。

此外，孩子的成長過程難免會有些狀況，因此每當我觀察到兒子的行為、觀念有些偏差或說話回應不適當時，便會特別找些相關文章放在孩子可以看到的地方，使其在不經意的閱讀中導正想法。

我之所以會有這種做法，是因為孩子長大後的自尊心變強，假使採用公開批評或責罵的管教方式，常會出現反效果。因此，我試著讓孩子閱讀簡短的好文章，透過一字一句的無聲影響，引起孩子的共鳴。

對於孩子的負面行為，我們不需要強烈的教訓批評和體罰，或許提供一篇觀念正確的優質文章，孩子反而能從文字的洗禮中，自動轉向正規途徑。

日記，讓孩子愛上寫作

「爸爸，請問可以給我一張白紙嗎？我的家庭聯絡本格子不夠寫。」自從珩奕班上老師要求他們寫「生活小記」後，他的聯絡簿便要加頁才能寫完自己的日記或學習心得。

有時晚上十點多，家裡臨時找不到紙，我會請他寫少一點，但他就是不肯，實在教爸媽大傷腦筋啊！

由於珩奕喜歡分享他的日記或作文給爸媽看，幽默風趣的表達方式和內容都相當精采，所以即便下班回家覺得累了，我還是會到書房找一張兒子所要求的「空白紙」給他，因為我很好奇兒子的小

腦袋裡，不知道又在想什麼了？

　　正當大部分的孩子還在抱怨「不知道日記要寫什麼」的年紀，兒子竟然已文思泉湧到超出紙張範圍……，說實在的，做爸爸的我，內心相當欣慰。

單爸教養手記

🌸 如果爸媽自己不善言詞，對子女的愛也常常說不出口，建議可使用精簡無聲的文字溝通，以達到良好的互動效果。

孩子在家的責任

～給予孩子在家應盡的工作～

從制定家規中，安排孩子所應盡的責任，並且不能因為孩子推託而替手幫忙！

＊　＊　＊　＊　＊　＊　＊　＊　＊　＊　＊　＊　＊　＊

　　我認為家庭具有代代傳承的意義：父母長輩用心地照顧下一代，而孩子長大後也要懂得反饋年老的上一代，因此孩子和爸媽其實都有各自的責任！

＊　＊　＊　＊　＊　＊　＊　＊　＊　＊　＊　＊　＊　＊

　　這些年來，每當與朋友聚會時，總會聽到一些父母無意中所吐露出的擔憂心聲。其中，不少人的孩子已經是大學生了，更有子女即將出國進修，但父母還是操心「孩子離家之後能不能照顧好自

己」、「萬一出國留學畢業後,將來找的工作離家太遠,會不會很辛苦」……等。回家後,我開始對這些話進行反省和思考,希望自己以後能對孩子的未來感到放心,而不要有類似的擔憂與困擾才好。

我認為家庭具有代代傳承的意義:父母長輩用心地照顧下一代,而孩子長大後也要懂得反饋年老的上一代,因此孩子和爸媽其實都有各自的責任!

 ## 制定家規,賦予責任

再過幾年,兩個兒子就會離家求學或工作了。曾經想過兒子脫離爸媽的照顧後,他們的心智成熟度和基本的生活能力都已具備可自己獨立生活了嗎?這些技能並不是學校考試就能評測出來的數據,而是現實的生存能力!

為了做好孩子獨立生活的準備,我很早以前就要求他們必須負起每個人在家應有的責任。當大兒子珩嘉上小學一年級後,我們就討論訂出「家規」,作為一家四口必須共同遵守的原則,只是「家規」隨著孩子能力的提升,也會稍作調整和修改。

＊單家兄弟的家庭責任:

1. 兄弟兩人在星期日,必須負責拖地、整理房間,讓媽媽每週都能休息一天不做家事。

2. 兄弟兩人要輪流洗碗盤一個月,如果負責的人遇到考試或其他較忙的事務,另一人要主動幫忙。

3. 倒垃圾等固定事宜,只要是小孩能力範圍內可完成者就必須

自己做，不能依賴爸媽在家才處理。

4. 當爸爸出國不在家時，兄弟要互相合作，不可增加媽媽的負擔和困擾。

其實想訂出一套全家人同意的規定很簡單，但是長期執行就不容易。由於孩子小時候的玩心重，難免會找理由來推卸責任，而最常用的藉口就是功課多到寫不完，甚至耍賴或撒嬌來換取同情，並且三不五時地試探爸媽底線。

偶爾，我也會聽到兒子嘴裡叨唸：「為什麼都是我做？」雖說知道兒子並非故意，但要他們做著單調的家事，難免會心生不滿。

對此，我認為應堅持的事情就不要妥協，也別將孩子不經意的碎唸放在心上。所以，當時我只是靜靜走近孩子身旁說：「不然換你上班，爸爸幫你上學好不好？」用小小的幽默化解親子間的衝突。當然，孩子假使仍想繼續討價還價或找理由推託，對我來說是產生不了作用的。

不讓孩子拖延做事

有一天，兒子問：「這個星期要考試，今天可以先不要倒垃圾嗎？」

「不行，該做的事就不要拖延。即使是明天考試也不會因為今晚複習時間少10分鐘就不及格，現在走到樓下倒垃圾還可當成中場休息，身體在動一動之後，可提高專注力，讀書將更有效率！」

事實上，我的說法可不是為了讓兒子做事才編造出來，這是根

據大腦運作的原理產生。

　　由於大腦專注的時間有限，若長時間保持固定的姿勢，會讓孩子感到昏昏欲睡。所以，讀書四、五十分鐘後站起來走動，或者將做家事當成讀書或寫功課間的調和劑，可提高學習效率。並且，我也希望孩子別忘了自己在家的責任，該完成的分內工作不可找理由推辭，應盡好義務，培養其責任心。

單爸教養手記

　　應讓孩子們在家學習肩負起自己應盡的責任和本分，並注意大腦必須在主動而沒有壓力的狀況下學習，因此在指導孩子進行任何活動時，都要保持愉快的情緒和氣氛。

沒有電視就無聊嗎?

～不插電遊戲的感覺刺激～

別讓電視麻木孩子的感覺,實際操作的遊戲,
可刺激孩子提升各項能力!

　　電視是很方便的「虛擬保姆」,假使尚未進入學齡的孩子整天待在家看動畫或兒童節目,雖能減少幼兒到處跑跳的麻煩,但缺乏遊戲經驗的孩子,將會因感覺統合訓練不足而出現負面影響。

　　兒童的大腦成長快速,需要有豐富且多樣化的刺激來增加經驗,而看電視是被動的訊息接收,會讓孩子失去主動探索的本能,不符合其發展需求,因此應避免讓孩子太早接觸到不需動手或動腦

的玩具。

小心！電視正在僵化孩子的反應力

　　「請注意，一半以上的孩子被電視綁架了！」一位老師有感而發地分享自己多年來的教育感想。雖說她的形容乍聽起來很誇張，但冷靜想想，不看電視就無所適從的人，也真像是大腦反應和精神都被控制了！

　　事實上，電視、電腦或手機都不能綁架人，而是人們自願被它們所制約。尤其是意志力還不夠成熟的孩子，很容易被聲光影像的刺激吸引，如果他們又少了人際互動的機會，沉浸在虛擬的世界中，很可能會慢慢失去實際生活的判斷力和行動力。

　　當孩子們的時間與注意力都被電視和電子遊戲占據時，未來將相繼出現干擾孩子正常發展的問題。以下是容易造成的四種現象：

　　一、眼球追視不佳，不喜歡閱讀。

　　二、非適齡的言語或行為。

　　三、感覺統合動作失調。

　　四、生活作息混亂，時間管理不佳。

　　「眼球追視」是我們進行兒童動作發展評測中的項目之一，依據過去十年的觀察發現，台灣地區三到六歲小朋友有近半數以上的兒童在滿五歲時就出現眼球追視不夠靈敏的現象，經過老師與家長的訪談後了解，這些小朋友確實每天花超過一、兩個小時以上的時間在看電視。

小孩需要感覺刺激

電視是很方便的「虛擬保姆」，若尚未進入學齡的孩子整天待在家看動畫或兒童節目，雖能減少幼兒到處跑跳的麻煩，但缺乏遊戲經驗的孩子，將會因感覺統合的訓練不足而出現負面影響。

雖然年幼的孩子很容易透過聽覺和視覺的刺激，模仿出微妙微肖的動作，但是長期透過影像學習的小朋友，長大後便會對平面閱讀感到乏味。

而教育專家在深入研究孩子的學習行為後發現，人們閱讀文字時需要透過眼球轉動來逐字逐行地看完。但如果眼球動作不流利，看書時便容易跳行跳字，並且針對較多文字的書會感到吃力，出現閱讀困難的情形。

此外，如果孩子的眼睛容易疲勞，無論內心多麼想用功讀書也會很難持久，因其表現在外的樣子就是坐立難安，這會讓爸媽和老師認為孩子「為什麼總是不專心？做功課也總是動來動去的！難道不能夠坐好嗎」的印象。

所以，爸媽若想預防這些問題，可鼓勵孩子多運動，特別是課業比較輕鬆的國小中低年級，因這階段尤其需要透過肢體運動的操作，才能提高學習成果。

不插電的親子遊戲

台灣平均生育年齡較晚，但大陸的年輕爸媽多半未滿三十歲，再加上他們都成長於電腦科技發達的時代，因此生活習慣與休閒娛

樂早已和便利的電子產品無法脫離。

但以兒童大腦學習的研究來看，孩子必須透過身體感官經驗來累積學習能力、活化大腦，藉此提升反應力。所以，我和夥伴們一直要求爸媽刻意撥出時間，與孩子玩一些不插電的親子遊戲。例如：

1. 增進語言能力的遊戲：文字接龍、猜謎語。

2. 增進空間邏輯的遊戲：撲克牌接龍、井字填OX、五子棋、拼圖、立體積木。

3. 增加精細動作的遊戲：玩黏土、美勞、DIY遊戲、模型。

4. 增進身體協調的遊戲：騎單車、打球、直排輪、跳繩。

現在開始，請爸媽每晚暫時關掉電視半小時，和孩子進行聊天、玩遊戲、散步、運動或看書等沒有電子產品干擾的活動。只要持續兩個月，您會發現親子之間的相處不僅更緊密，孩子的學習效果也會意外提升。

單爸教養手記

✿ 和孩子一起玩時，爸媽多少會帶點得失心和特別的期許，並且大人會忍不住教導孩子技巧，或是提早做出示範讓孩子模仿。然而，這種做法將使輕鬆的親子遊戲產生壓力。

和我一起去爬山
～「運動」有助學習和穩定情緒～

「爬山」就像對自己一次次的挑戰，考驗著耐力與意志力的持續！

在活動過程中，我們可以透過呼吸的深度和活動量大小等身體反應，來評估孩子的體能狀況。由於孩子的個別狀況不同，故在從事戶外活動時，爸媽可設定一個目標，但達成方法隨孩子的喜好彈性調整。

我喜歡與兒子一起站在山頂上，靜靜感受身心靈在攀爬過程中得到的洗禮，及其努力所帶來的成就感。

並且，兩個兒子願意信任爸爸、忍住眼淚地流汗走到最高點，我相信是因為我從兒子還是寶寶時，陪伴他們練習爬行和遊戲時所累積下來的默契，讓他們有堅持不懈的動力。

 我與孩子的專屬時間

這些年，我很珍惜能和兒子一起在山上欣賞美景，暫時遠離外界干擾，單純享受只有父子獨處的時間。山頂上，視野寬廣，沒有炫麗的廣告或亮眼的聲光使人分心，所以當我們克服登山路上的障礙到達終點時，父子間可以沒有壓力的談天說地，這種平凡的幸福，要有所經歷才能體會。

我想，多數家庭的孩子通常都是和媽媽的相處時間比較長，以致於爸爸們雖想接近子女，但卻不知該如何開始。

有時我也會忍不住羨慕起兒子和媽媽互動的親密模樣，想起不久前還是抱在懷中的孩子突然長大成人，難免會有點失落，因為不可能再聽到孩子像小時候一樣喊著「爸爸抱抱」的話了。

國三的珩嘉就是如此，他老早就不再讓我抱了。由於青少年正值叛逆期，身為過來人的我完全可以理解，所以也只能另外想辦法營造父子之間的相處機會，延續我與兒子間的親密關係！

童年記憶中，父親不太常和我們小孩子講話，他總是忙於田裡工作，日復一日地只為養家餬口。而四十年前的農業社會，完全沒有現在所謂的休閒娛樂或渡假可言，所以「父親」這個角色對我來說，總有種嚴肅、認真、難以親近的刻板印象。

但當我開始成為爸爸之後，內心就很想做個不一樣的「父

親」，我希望讓孩子明確感受到爸爸對他們有滿滿的愛和深切的期許。所以大約從兒子五、六歲開始，我便著手為「帶兒子爬山」這個小小夢想進行準備。

「好不容易放假，為什麼還要去爬山？這不是很累嗎？而且帶著小孩去更累了！」很多爸媽沒辦法體會爬山的箇中趣味，所以當我提到與兒子爬山時所遇到的好玩事，他們總會滿臉疑問。

但我卻認為，從小培養孩子的運動習慣很重要。所以每次總會想盡辦法讓孩子體驗爬山的樂趣，使其產生下次還想再去的意願。

其實，台灣近二十年以來，環境變化快速，孩子們幾乎都在繁華的都市裡長大；而爸媽也因擔心他們的安危，所以大多數的孩子很少有機會自己走路，每天上下學都是爸媽專車接送到校門口，故孩子的運動時間和機會較少，普遍來說，都有體力不佳和動作不協調的狀況發生。

因此，我會特別注意兩個兒子的運動習慣，除了在家設立孩子專屬的遊戲空間以外，也會讓他們參與親友間的假日休閒聚會，目的就是增加孩子的活動量，以增進其人際互動的機會。

運動有助學習

還記得青少年時期，我是個專業的運動選手，所以比一般人更能體會運動之後，情緒與壓力得到宣洩的好處。但實際上，早年的我只知道打球或在健身房運動完後，身體會有一種莫名的暢快感，並且精神和情緒將變得更好。

後來因為工作關係才知道，原來運動帶給情緒的正面影響，都

是腦內「多巴胺」提高所形成的穩定作用。雖然我童年的學習環境，沒有像都市小孩優渥，但比別人更幸運的是我自小養成的運動習慣，也成了我面對工作壓力時，調節情緒的最好方法。

適齡適性調整活動量

孩子的運動量當然不能和大人相比，所以帶著孩子出門旅行或運動時，我們唯一要做的就是放鬆心情，讓參與的人都能感受親子相處時的幸福感，而非壓力。

在活動的過程中，我們可以透過呼吸的深度和活動量，來評估孩子的體能。由於孩子的個別狀況不同，故在從事戶外活動時，爸媽可先設定一個目標，但達成方式隨孩子的喜好來彈性調整。

總之，希望能延續孩子與爸媽出門活動的原則很簡單——一定要讓孩子們覺得「好玩」。千萬別讓他們留下「和爸媽出門很累，下次不要再去」的印象回家，因我們的最終目標是讓孩子能繼續期待下一次的活動。

185

✿ 讓孩子樂在其中的祕訣

不同活動量的小孩	改善方法
針對活動量小的孩子	☆如果是平常不習慣活動的孩子，爸媽需要不斷鼓勵並且誘導他們：「你做得真好，再試一下……」，「往前走吧！我們一起發現下一個好玩的寶物」，藉此引發孩子的好奇心，提升參與動機，使孩子不會感到無聊。
針對活動量大的孩子	☆遇到體力充沛、一刻不得閒的孩子，應在安全範圍內，滿足他們對速度感和挑戰刺激活動的內在慾望，只有孩子自己「動」夠了才能靜下來。否則再多的禁止和「不可以」，對充滿好奇心的孩子來說，都是不易克制的處罰。

單爸教養手記

🍀 引導孩子投入任何一種活動都要考慮其體能可否負荷，並且在活動難度和時間的安排上也要循序漸進，應讓孩子先產生興趣才有下一次練習的機會，爸媽不能太過心急而要求孩子達到我們所設定的目標。

孩子需要一位「好教練」
～明確目標的指引燈塔～

好老師，是知識的啟蒙；好教練，是目標確立的領航者！

　　好教練和好老師的任務不一樣。一位好教練通常很清楚訓練活動的目標為何，所以會仔細觀察孩子的優勢並修正弱點，有計劃地鍛鍊學生的體能和耐力，並激勵他們去挑戰自己，且要一次比一次更好。

　　成功運動員的背後都會有個優秀教練的指導，並且這些教練的原則就是目標明確且要求嚴格。

雖然並不是每位爸媽都能成為棒小孩的好教練，但我們能藉由外在力量來客觀地訓練小孩。由於親子互動總會被雙方之間的親密情感和壓力所牽絆，於是我決定找一位專業教練來指導孩子們打球。

「教練」與「老師」對我來說，具有不同的意義。在多數人的印象裡，「老師」是啟發孩子智慧的人，因此他們總想努力做到「有教無類」、「循循善誘」的基本原則，進而引導學生發現學習的樂趣，找到人生未來的方向，鼓勵孩子做一個認真負責的人。

然而，好教練和好老師的任務則不一樣。一位好教練通常很清楚訓練活動的目標為何，所以會仔細觀察孩子的優勢並修正弱點，有計劃地鍛鍊學生的體能和耐力，並激勵他們去挑戰自己，且要一次比一次更好。

🦉 體會約束後才有的輕鬆感

在珩嘉進入小學中年級以後，為了讓兩個孩子能擁有定期的運動習慣，我決定幫他們在不同階段請不同項目的專業教練（游泳、網球、羽球），每周一次指導孩子練習基本動作，而自己也跟著學習。

這些年來，我們父子三人和教練學習過游泳、網球、羽球，每種運動我們都會持續一段時間，若遇到我必須出差工作而無法參加時，就由媽媽幫忙接送孩子練習。

其實，陪孩子打球並沒有時間和場地上的限制，住家附近的公園或學校都是練習的好地方。但一開始在和兒子討論如何保持運動

習慣、先學什麼項目比較好時，確實慎重挑選了一些地方，最後租下專業場地，還找了專門的教練來指導……

關於和孩子打球的這項安排，有人認為我似乎小題大作，但我只是希望孩子們能重視這件事，不要讓訂下的目標有輕易鬆懈的理由和藉口。

曾經有段時間，我強迫自己每天工作之前，必須早起上健身中心做運動，並且聘請專業教練指導，調整姿勢以體驗當下肢體伸展所帶來的感受。即便是簡單的跑步練習，也能幫助我暫時放掉工作及其他雜念，讓自己在運動時更集中精神，而這往往使我在運動過後，擁有煥然一新的好情緒。

 ## 爸媽的多功能角色

最近我常想，好爸媽必須扮演的角色可能不只一種，在寶寶還小時，我們總會想當個稱職的保姆；當孩子開始懂事之後，爸媽又想成為孩子的好老師；當孩子逐漸長大，必須學會規範和認真學習的態度時，我們又必須變成孩子的超級教練……

而爸媽除了養育子女之外，還有自己的父母、家人及工作必須兼顧，因此生活中的時間分配，就要有更完善的調整。

但我們終究只是平凡人，雖然父母要隨著孩子的成長而調適心境，但確實不需要因為自己無法扮演好每個角色而失望。我們可以用更寬廣的心情，讓身旁的人變成孩子的守護者。

所以，我想繼續認識更多的教練，指導經歷不同成長階段的兒子們，期盼孩子未來能從更多努力又認真的人身上，為自己充實豐

富又獨特的寶貴經驗。

單爸教養手記

🍀 好老師會引發孩子的學習動機，並耐心啟迪孩子的智慧。好教練
　則會引導孩子走向明確的目標，鍛鍊其心智和耐挫度。因此，我
　們若想培養優秀的棒小孩，就要隨著年齡來調整教養的嚴謹程
　度。

讓孩子感同身受
～經歷，讓孩子成長更快速～

反覆說教，並不會讓孩子免受挫敗的威脅；但親身經驗，卻比用說的更能記取教訓！

人生本來就沒有所謂的公平，我們應培養孩子在每一次生活經驗中，建立孩子面對挑戰及挫折時轉換心情的能力。

為人父母擔心孩子做錯事，總會提早告訴他們什麼不能做，什麼事情是危險的……希望孩子可以記取前人教訓，避免重蹈覆轍。

可是我發現，如果爸媽總是拿相同的事情反覆告誡，盼望孩子能記取經驗而不要再犯，成效確實不彰。因為孩子們無法真正體會

爸媽所講的情形，最後聽多了，當然就充耳不聞。

 ## 叮嚀不如實際體驗

我經常警惕自己不要犯了老生常談的毛病，並試著用不同的方法讓孩子學習正確的價值觀。於是，我拿自己兩個兒子做實驗，發現讓孩子感同身受的效果還真不錯！

由於發生在他人身上的狀況，自己沒有深刻經驗，所以即便聽再多次，也還是會有摸不著邊際的距離感；然而，自己親身經歷的事情，則有特別的切身之痛，便能藉此學到更多領悟。

所以，偶爾讓孩子感受一點挫折，再學習調整情緒、找到解決辦法並振作精神，對小學生來說是很重要的過程。

 ## 難得的機會教育

每個小孩都希望受到不同程度的重視與關心，珩奕天生就有領導特質，常常在班級活動中成為同學間的小領班，雖然平時這孩子的人緣很不錯，但可惜一直沒有被同學選上班長，雖然嘴上說「沒關係」，但我知道他很想嘗試當班長的感覺，並且得到同學、老師及爸媽的肯定。

記得大約在他高年級的某一次新學期，又到了學生們投票選「班長」的時間。媽媽說兒子可能又會為此事煩惱，雖然這次選舉方式很創新，但孩子卻覺得不公平，所以當天放學回家，心情看起來很低落。

原來兒子的新導師很特別，提出了不同於以往推舉個人票選的方式：這次由老師分配兩人一組搭檔選班長及副班長，還給學生們一個星期的競選時間。

　　老師創新的想法，把簡單的小學生選班長一事，搞得像大人在投票選正副總統一樣精彩。

　　老師訂下的全新規則讓本來有機會當選的兒子增加了不確定性，因為老師將一位比較調皮活潑的同學和他分配在同一組參選名單當中。「和其他組的搭檔人選相比，我們這一組會因為副手失分不少吧……」兒子擔心地說著。

　　「我覺得老師不公平，為什麼要用這種方式選舉投票呢？不公平，不公平！」

　　兒子接著又說：「老師說在下星期投票以前，參選的人要準備政見發表，向同學說明為什麼選我們比較好。」

　　聽完兒子的解說，我發現兒子對自己的競選搭擋其實沒有信心，但並不代表完全沒有機會，我只輕聲告訴他：「努力將你們想做的事說清楚，然後再好好去拜票，盡力爭取更多同學的支持。」

　　兒子雖然口頭上抱怨著，但還是著手準備下週要上台競選的政見。

　　「這就對了，你還有時間多去想想、商量兩個人加起來要如何為班上的同學服務，然後再想辦法說服大家。」我的話還沒說完，兒子的眼神開始發亮，原先被怒氣凍結住的靈活小腦袋，又立即回溫過來。

　　媽媽後來也放心地說：「兒子，你很棒唷！不可以輕易放棄，

我覺得這是一個很棒的機會，好像真的要選總統一樣刺激。」感謝媽媽適時加了一劑強心針，兒子終於停止了抱怨。

那一夜的小小競選風波之後，兒子依然每天開開心心地上學。直到過了好幾個星期，我才突然想起珩奕沒再提起班長的事情，事後我追問了投票結果，他說他們這一組沒有當選正副班長，而且還有幾張鐵票跑票讓他覺得有被出賣的感覺……

對珩奕來說，這次的經歷是一個很好的機會教育。人生本來就沒有一定的公平性，如何讓孩子在每一次生活經驗中，建立起面對挑戰及挫折時轉換心情的能力，對未來具有重要影響。我們應學習看著孩子吃一點苦、受一點傷，隨著經驗和時間的累積，孩子也會因此變得更堅強。

單爸教養手記

🍀 我們終其一生都在進行感覺統合的過程，舒服而愉快的經驗會讓我們不由自主地想再次嘗試。因此教養明智的孩子，要鍛鍊他們的理性，讓孩子長大後可良好調適自身感覺，不因衝動而做出失控行為。

出國比賽的棒小孩
～憑自己的能力去實踐夢想～

擴大孩子的視野，盡量讓他們擁有豐富多變的體驗，以擴充思考的多元面向！

　　小孩有遠大志向雖然不錯，可是我不想太早承諾能達成兒子的願望。我希望孩子能學習任何收穫都必須付出代價，並傳遞做人「腳踏實地」、「一分耕耘，一分收穫」的觀念，讓他們知道父母不是萬能的提款機，更不會無限制地滿足孩子要求。

　　比賽總有勝負之分，即便孩子輸了會傷心，但爸媽還是要讓孩子體驗從挫折中站起來的過程，唯有如此，孩子才能真正成長。

出國念書夢

前些年，珩奕曾被老師帶到美國參加一場國際性的珠心算比賽，離家一個多星期才回來的他，興高采烈地說：「爸爸，我決定長大後要去美國讀書！」

我忍不住想：「要出國讀書是自己決定想去就去的嗎？孩子的想法未免太天真可愛！」

但也對於小兒子的這個想法感到好奇，便問：「為什麼突然想要出國讀書呢？你才出去幾天而已，有發現美國什麼特別吸引人的地方嗎？」

「我覺得美國大學超級棒的，比賽結束後，老師帶我們去參觀美國大學的校園，那裡的圖書館超大！如果在那兒念書應該很棒吧！所以我希望以後有機會的話，可以去外國讀書。而且，外國女生很漂亮！」兒子的回答太好笑了，尤其是那句結論，讓我覺得動機可疑，不過現今小學生的迥異思維，常讓我很難馬上回應。

「很好，出國念書要花很多錢，你可以努力讀書爭取獎學金，並且現在就要開始認真上課，美國名校可是很難進去的唷！」兒子聽了點點頭，繼續找哥哥分享在美國的新奇發現⋯⋯

小孩有遠大志向雖然不錯，可是我不想太早承諾能達成兒子的願望。我希望孩子能學習，任何收穫都必須付出代價，做人還是腳踏實地比較好，並希望孩子們具備「一分耕耘，一分收穫」的觀念，讓他們知道父母不是萬能的提款機，更不會無限制地滿足孩子要求。

聽著孩子興奮分享出國一個星期所經歷的點點滴滴，心裡可真

是五味雜陳。小兒子不過才讀小學，未滿十歲大的孩子，沒聽他說任何想念爸媽的話，而獨自和老師出國比賽更沒有讓他產生壓力，反而透過這次機會，意外讓他對世界上其他國家的學習環境產生興趣，這完全出乎我們意料之外。

後來，我又想起兒子剛剛說的那番話，便對媽媽說：「媽媽，兒子剛才說外國女生很漂亮，妳看我們要不要先把英文練好一點……以後說不定有個外國媳婦。」

「哎……這件事你就想太多了！」媽媽說。

我和妻子彼此安慰，將來孩子長大若憑自己的能力爭取到國外去讀書，對他們提早擴展視野很有助益。而他們或許能藉由這項體驗，培養更寬廣的心態以適應長大後的變動環境。

現在已經是個無國界的時代，求學、工作或婚姻都有國際化的機會，父母不可能保護孩子一輩子，故爸媽應儘早培養孩子的獨立能力！當我看著年幼的兒子離開爸媽出國回來後的模樣，不禁想起自己在高中階段，意外成為射箭培訓選手時，第一次出國的心情，是興奮中又帶點緊張。

那段高中生涯，我跟著教練走遍全台灣，參加許多場射箭比賽，這也成為我人生的轉捩點。還記得，首次到韓國漢城參加射箭比賽的情景，已經是二十多年前的事了，但那份悸動，至今依然難以忘懷。

單爸教養手記

🍀 讓孩子了解人生就是一次又一次的比賽,應以平常心看待每一次的結果,重要的是過程中所學到的經驗,並反省下次如何讓自己更好。

🍀 別急著送棒小孩遠離熟悉的家,先培養他生活自理的能力並擁有對學習的熱情後,他才能自信地走遍世界!

傳統美德不可忘
~孩子最重要的處事原則~

孩子未來的品德良好與否，端看小時候所累積的經驗與爸媽的行為示範！

希望孩子將傳統美德深植於心，身教比言教更重要。良好的品德是從生活中的一點一滴累積而來，絕不是光靠背誦或考試就能學會的。

傳統美德是一種「道」，就如同每個人都要遵守的交通規則一樣，如果失去了依循的準則和方向，一切的行為就會陷入混亂。

推廣十年的親子教育之後，我開始認真思考兒童教育的最終目

的！

　　去年，我跟夥伴們定出下一個努力的方向，即培養孩子的潛能之外，同時也要引導小孩負起責任。而孝順、守信、準時，都是做人的根本，所謂的傳統美德，反而是我們終其一生都要學習的功課，這比任何事情都來得重要。

孝順讓孩子「回饋感恩」

　　孝順的概念是一種回饋感恩的心態，這並非單純要求孩子聽話、順從爸媽的管教指令，而是一種主動關心長輩的心態。

　　我們可以從真實的社會現象看出，孝順父母的表現和子女的金錢與能力無關，而是來自於家庭互動的習慣。

　　如果親子間的相處不夠融洽或默契不佳，孩子便不容易了解、體會爸媽的真正需求。相反地，從小被要求享樂前要先想到家人的孩子，將培養出體貼他人、樂於分享的習慣，而不會成為自私的人。

　　在與兒子定期舉辦的家庭會議中，會討論一些關於孝順長輩的原則：

　　1. 爺爺奶奶生日時，若無法回去探望他們，至少要打電話關心問候。

　　2. 媽媽生日時，要寫卡片送給她以表達感謝。

　　3. 吃東西前，要先問過爸媽才能吃，並且不可任意打開桌上的禮盒。

　　4. 做任何事前，應想到父母的需求，並詢問爸媽是否需要幫

忙。

5. 進出家門都要主動跟爸媽打招呼。

6. 口渴時，先主動幫爸爸或媽媽倒水。

每隔一段時間，我會要求孩子檢討反省自己執行的程度。針對沒做到的部分再接再厲，讓觀念變成一種反射行動；而達成的部分，則是給予讚賞，鼓勵他們繼續保持！

 ## 守時讓孩子學會自責

孩子的時間很多，想教孩子養成守時的觀念很不容易。

我試過跟孩子再三強調：「守時是最基本的要求，沒有主管可以忍受不準時上班且經常遲到的員工！」但是，向孩子講這些他很久很久之後才會遇到的事情，對於糾正他現在賴床的習慣，真是一點效果也沒有。

我們家的媽媽因擔心孩子遲到受罰，又不忍心看著他們必須起個大早搭公車去上學，所以每天都會早起送他們上課，而孩子當然也就安心睡到媽媽叫他，再不慌不忙地坐車上學，那睡眼惺忪的狀態，會一直維持到校門口才清醒……

為了讓孩子們養成守時的習慣，我曾經下了一個嚴厲的指示：每週日上午八點到運動中心打球，如果遲到就不能吃早餐。

由於禮拜天是媽媽的休假日，所以不需早起。在沒有人叫他們起床的情況下，兒子果然睡過頭了！

就在我開車趕到球場的路途中，兒子問：「爸爸，今天我們早

餐要吃什麼？」

我回答：「今天來不及吃早餐了，因為球場和教練的時間都是固定的，到了就要換別人⋯⋯看看現在的時間，我們肯定會遲到，所以要等結束後才能吃東西了！」

那天，我跟著兒子練球，發現他們兩人全程特別認真。而且從此之後，禮拜天早上的練球時間，他們再也沒有睡晚了！

孩子能做好時間管理嗎？我相信小學以後的孩子有能力可以達成。但希望孩子能養成好習慣，爸媽千萬別太心軟，並且也不能做太多，應讓孩子自己完成並對後果負責。

守信讓孩子學會尊重

兒子問我「守信」是什麼意思？

我跟他說：「『守信』就是我們答應的事就要做到。例如當學生要準時交功課，當員工要努力達成工作目標，當老闆要依照規定發薪水一樣。」

守信用是對自己和別人的尊重，凡事要先想清楚才能答應，就算爸媽跟孩子講話也是一樣。

孩子有很好的記性，他們會單純地將事情的因果關係做連結，認為這件事情的結果原來就是如此而記在腦海中，故大人必須謹慎並遵守與孩子間的承諾。

當我們發生答應孩子的事沒有做到並被他們提醒時，就要誠懇地對他們說明，而不要隨便找個理由來強加解釋。當爸媽正確示範誠信的行為時，孩子看到也就能有所體會。

身教的影響往往比講道理更有效果，所以爸媽自己應先說到做到，為孩子建立一個良好的榜樣。

單爸教養手記

❀ 希望孩子將傳統美德深植於心，身教比言教更重要。良好的品德是從生活中的一點一滴累積而來，絕不是光靠背誦或考試就能學會的。

第**4**章

在父母的羽翼下，
孩子長大了

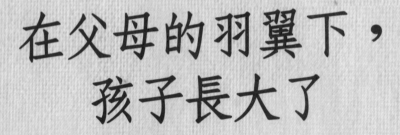

青少年時期，

在生活自理和學習規律方面，已有既定的習慣模式，

這時不需凡事都由爸媽協助，

且教養應隨著孩子的成長而越來越輕鬆，

我們所能做的就是關心孩子的人際互動，

傳遞正確價值觀與鍛鍊意志，

並且啟發他們獨立思考的能力！

看重自己，勇敢接受挑戰
～熟能生巧，發揮潛能亮點～

沒有天生定型的孩子，只要多給他們反覆訓練
的機會，成就將無限寬廣！

　　我得到一項發現：許多大人以為小孩不會的事情，其實是爸媽
覺得孩子還沒長大，沒有提供他們挑戰和學習的機會，但孩子確實
有潛力可以發揮到極致！

　　我希望孩子長大後能青出於藍，所以我告訴他們：「別輕易說
不可能，要學習看重自己，勇敢接受新的挑戰，爸爸不可能永遠教
導你，但我相信你們可以做得更好！」

給孩子壓力是必要的

每當聽見家長說：「我不想給孩子壓力，長大不就懂事了嗎？」為了尊重發言者，總是不好意思直接否定對方，但其實內心很為這些父母著急。

我認為一個人的學習良好與否，多半和他從小的生活經驗有關，並不相信有什麼方法能讓大腦突然開竅。我總暗自擔心那些父母：「萬一孩子的領悟力不夠，長大成人也還不懂事，那該怎麼辦……」

其實，孩子在不同的年齡階段，心智成熟度也必須有所進步，如果以大腦神經發展理論來看，小時候比較任性是因為大腦發育還不成熟，所以不能克制衝動的生理反射動作，例如肚子餓了會哭，心裡想要什麼就必須馬上得到……

可是，隨著孩子年紀的增長，控制能力逐漸變好，大人便要指導他們學習克制自己的隨性行為，如此一來，才能教出通情達理的孩子。

我們要關心孩子從幼兒園、小學、中學直到成年的各階段發展是否能跟上腳步，爸媽不能只是注重孩子學校課業的學習狀況，還要了解孩子在身體協調的敏捷性、生活自理能力的成熟度，以及人際互動和交友狀況等。

我個人非常贊同讓長大的孩子接受適當挑戰，只要在安全許可內，適當的「放手」能讓孩子在親身體驗中學習，即使失敗了也別氣餒，應鼓勵孩子找出解決方法。

一般來說，人們都會想做自己習慣的事，因為過程比較輕鬆容

易，也沒有風險。但對成長中的孩子而言，嘗試自己所沒經歷過的新挑戰是必要的。

 完成小任務，累積自信心

「請問各位爸媽覺得孩子幾歲就可以自己洗碗？」演講時，我在台上向家長提問。

其中，有超過九成的爸媽說：「我從來沒想過要教孩子洗碗！」這答案令我十分驚訝。

「打破怎麼辦？」、「不會受傷嗎？」……我可以深刻體會爸媽背後的擔心是源自於愛孩子、捨不得他們勞動的緣故。

但我認為，對於孩子可能出現的狀況與受傷問題，都是有辦法預防的。例如大人可先教導孩子注意安全，或透過塑膠杯、餐具來練習。我們必須給予孩子為家人服務的機會，讓他們藉由自己的雙手為爸媽做事，使其從完成所帶來的喜悅和驕傲中，感受到自己長大了！

我先拿兒子做實驗，當看到他會站在塑膠板凳上自己開關水龍頭時，我就開始教他洗碗。還記得大兒子珩嘉第一次洗碗時，是個幼兒園大班的小孩，一轉眼，孩子今年就要上高中了。但這段期間，兒子打破碗的次數甚至比我還少！

因此我又得到一項發現：許多大人以為小孩不會的事情，其實是爸媽覺得孩子還沒長大，沒有提供他們挑戰和學習的機會，但孩子確實有無比潛力可以發揮到極致！

三句話演講比賽

國中時期是孩子從兒童進入青春期的階段，也是荷爾蒙和大腦發育進入混亂期的時候，在生理狀況的影響下，常教原本聽話、順從的寶貝變得衝動、矛盾又叛逆……

我是個幸運的孩子，剛巧在國中時，遇到改變我一生的好老師。在其引領之下，我學會看重自己，勇敢接受挑戰，也開始大膽去做許多以前從未嘗試過的事情。

自從國小遇到學習困難，我對念書開始產生排斥，某些科目的內容一直無法進入我的腦袋裡；而和兒子聊天時，也很難分享自己國中階段的學習經驗及趣事。但令我印象深刻的是國中二年級時，我們班上的導師「廖進揚」，成為我求學階段的第一個貴人。因為他，才讓我發現自己可以嘗試一些未曾碰觸的挑戰。

不知道什麼原因，那一年，廖老師特地選我當「風紀股長」。但我的成績既不好，也不是風頭穩健或領導型人物，當時只認為他可能覺得我這孩子比較可靠吧！但直到現在，我還是不明白老師的用意為何。

那學期，學校舉辦了一場演講比賽，廖老師要我代表全班去參加。但從小到大，除了在菜市場幫媽媽賣菜外，我從來沒有主動跟陌生人說話，更沒有上台公開講話的經驗。

對於「演講比賽」的印象，就是必須一個人站在講台上，抬頭挺胸、將雙手放在背後地正經站好，然後用誇張的聲調說話。

但在比賽前，我不知該如何準備，因為老師說演講題目是當場才抽出，所以只要比賽當天準時到場即可。向來很少講話的我，當

時也不知打哪兒來的膽量，完全沒有任何想法，只是單純聽從老師的交代，便去參加人生中的第一場演講比賽！

　　早就忘了當天抽中的題目是什麼，只記得自己站在台上時，腦筋一片空白……

　　才開口講不到三句話，就草草結束那尷尬的第一次演說。當我低頭走下台階時，眼角餘光瞄到廖老師站在窗外，我知道老師是在默默關心我，所以不想坐在台下增加我的壓力吧！

　　但那天的表現，肯定讓老師和班上的同學感到失望，不過廖老師竟完全沒向班上其他同學提起當時的發生經過，事後也沒責備我任何一句話。只輕聲告訴我：「沒有關係，再加油就好！」

　　第一次的上台經驗，在我心裡產生很大的衝擊，內心的疑惑是「為什麼老師要選我參加演講比賽呢」，老師的用意一直教人想不透。接下來的每個學期，廖老師都會指派我擔任幹部，並參加一些比賽，所以開口講話的機會不知不覺變多。

　　漸漸地，我發現自己雖然不喜歡公開講話，但也並非真的不行，我似乎比其他同學更能掌握到說話的重點，並讓別人了解我想表達的意思。

　　小學時的我特別內向，從來沒有想過自己長大要常常公開演講或帶領團隊組織。現在想起來，若非廖老師給我全新磨鍊的機會，或許天生內向害羞，不喜歡主動和人交談的特質就會形成我長大後的固定行為。

　　其實，後天練習真的可以補強先天弱點，每次與家長談到先天和後天的教育影響時，我常會想起自己的成長過程，也認真建議家

長要多給孩子一點鼓勵和練習的機會啊！

單爸教養手記

🍀 雖說緊張感不容易控制，但我們可以透過情緒的調節來降低其所帶來的影響。一旦大腦感覺神經系統對外在刺激的反應定型，便不容易改變了。所以在孩子年紀小時，就應開始改善孩子的敏感狀況，如此效果會更好。

🍀 成年後的我學會了覺察自己緊張的身體反應，因此不斷學習如何和緊張相處。我一直深信「熟能生巧」這句話，想做好一件事很少能不勞而獲，所以就算本身再有天分，也必須反覆練習。

別隨著孩子的叛逆起舞
～同理、傾聽與陪伴～

面對青少年的叛逆期，爸媽千萬別「硬碰硬」，應有多一點的理解與引導！

　　同理和傾聽對於青少年就是一種認同感，兒子願意毫無保留地說出內心感受，爸媽也能夠聽他說話，這就表示「我們是一國的」。通常我會等兒子心情穩定下來後，再提出自己的想法或建議，但重點是不能講太多，點到為止即可。

　　二到三歲的孩子在能分辨大小之後，就會開始對某些情形抱怨「不公平」。然而，若是青少年遇到有關公平性的比較，且對象擴

及同學之間時，反應將更為強烈。因此，客觀理性的爸媽要協助孩子調整情緒壓力，引導他們朝正向思考，如此才能懂得「分享愛」而非斤斤計較。

對我來說，看見兒子長大是一種複雜的心情。由於現代孩子資訊接收容易，得到了許多爸媽都沒聽過的新知識，故很有自己的主見與想法。

這時，兩代之間的溝通模式也要進行調整，不能再像以往一樣要求孩子必須遵從父母的話。所以，每當我想以為人父親的立場教導兒子正確的做人處事觀念卻又不想變得老派時，溝通方式就必須像孩子的朋友般聊天……果真是父母難為啊！

 ## 國中是孩子蛻變的重要時期

向來敦厚老實的珩嘉，在國中一、二年級時明顯變得有些衝動。由於從小在我們家就有制訂規矩，所以孩子因生理因素而引起的小叛逆，並沒有造成親子間的嚴重對立。

在那段期間，兒子很容易對媽媽的關心感到煩躁不安、不想理會！假使遇到媽媽多問兩句，有時還會大聲回應，言詞也讓大人覺得很沒禮貌。身為爸媽的我們，對兒子的轉變覺得有些壓力，甚至當他站在身旁時，還會有一種熟悉的陌生感。

這時，我總會想起教育專家們的提醒：「青少年時期的孩子，已經不是打罵就可以教好的。」這確實是真的，有時下班回家，我坐在沙發上望著身材壯碩的大兒子，想像這年齡的孩子如果失去理智而衝動行事，那反抗的力量會有多麼可怕！

「如果孩子小時候犯錯，爸媽沒有引導到正確行為，那麼等孩子長大後還教得動嗎？」幸好我比其他爸媽多了解孩子一些，能體會兒子正在經歷一個非常重要的成長轉變期。

青春期的孩子因面臨學校課業加重、睡眠時間不足、身體成長快速……等接踵而來的變動壓力，在全部匯集後，難免會使原先性情溫和的孩子，出現情緒、行為不穩定的狀態。

所以，對於兒子國中時期的心理健康，我總會特別留意。因為這是孩子成長過程中，對於「衝動行為」不易自控的階段，儘管孩子生理發展順利，但心智方面多半還不夠成熟，因此他們需要爸媽更多的關心、引導和包容。

遇強則弱的情緒應對

半大不小的青少年，對於「公平合理」這類事情十分在意，他們很重視同伴，經常是朋友所說的話比爸媽交待的事更重要。尤其在同學之間的相處或者老師對待他們的方式，都容易成為引爆他們情緒的起因。

兒子也常會抱怨學校老師的規定不合理，感覺自己沒有受到公平的對待。通常遇到類似事件時，我也會跳出想為兒子打抱不平的「爸爸」角色，但我強忍住衝動，同時要求媽媽也要先冷靜下來，以免孩子的不滿情緒越發高漲。

情緒是具有感染力的，通常火冒三丈的人遇到較為平和的交談對象，氣氛便可緩和下來。但如果這時身旁的人煽動附和，就更容易讓對方的不滿度提升。因此，當孩子遇到與老師或同學意見不

合，甚至是衝突事件時，我會使用以下三個「問題」來循序了解：

1.「可以告訴我發生什麼事了嗎？」──我會先靜靜傾聽他們說完整件事的來龍去脈，在講述過程裡只做個聽眾而不會加入大人的評斷。

2.「後來呢？能不能說一下你自己感覺到的不滿是什麼？」──先引導他們釐清自己的想法與感受，避免讓負面情緒影響孩子理性。

3.「如果換成什麼做法會比較好？」──等孩子了解自己的立場和想法後，再耐心請他提出建議。

同理和傾聽對於青少年就是一種認同感，兒子願意毫無保留地說出內心感受，爸媽也能夠聽他說話，這就表示「我們是一國的」。通常我會等兒子心情穩定下來後，再提出自己的想法或建議，但重點是不能講太多，點到為止即可！

 ## 文字溝通傳達價值觀

我常慶幸自己兩個寶貝兒子都是明理的棒小孩，每當情緒有所起伏時，只要經過引導並好好溝通，通常半小時左右就可緩和下來。因為我了解在孩子情緒不佳時不適合講大道理，不過這麼好的教育機會又不能讓它溜走，這時該怎麼辦呢？

於是我想到與同事常進行的「分享閱讀」，針對兒子遇到的類似狀況，我會找些好文章影印下來放在孩子書桌上。由於兒子從小就有朗讀文章給家人聽的習慣，所以已經能體會爸爸想要傳達的觀念和想法。而在我們家所實行的「文字溝通」方式，效果相當好，

爸爸媽媽不妨也試一試！

　　另外，我也想告訴那些時常覺得自己受到委屈的青少年一句話——「吃虧就是佔便宜」，這並不是弱者自我安慰的話，而是具有深刻含意的至理名言。

　　曾經，我也是個受了委屈而不知該如何是好的年輕人，並且很能體會那種吃了悶虧的無奈！但我們必須學習吃苦，忍住一時之氣，將難受當成「良藥苦口」硬吞下去。因為若只是逞當下之快而立刻反擊，通常在失去理智的狀態下，很可能會發生無法挽回的遺憾，因此千萬不要因衝動而落到兩敗俱傷的下場。

　　漫長的人生就像是運動場上的競賽，比賽規則和裁判也不見得公平，但我們不能被一時的挫折打敗。暫時的忍耐不代表「認輸」，等待自己累積足夠的實力、找到更好的方法重新開始後，才能從中獲得人生啟發。

單爸教養手記

🍀 應讓孩子知道並非每件事都能順著自己的心意。那些習慣被大人保護和受到他人幫忙的孩子，在進入團體生活後，人際互動上常會出現適應困難的情形。因此要從小培養孩子的同理心，並學習等待、分享及遵守團體活動的規則。

🍀 孩子心情低落時需要爸媽加油打氣，並可提供建議讓孩子選擇，但千萬不要急著幫忙他們處理同學間的爭執。

認識孩子的同學
～了解但不過度干涉孩子交友～

與孩子擁有如朋友般的相處關係，但切勿干涉、評論孩子的朋友！

　　現代人生活步調很快，無論友情或親情都要刻意培養，特別是現今的網路發達，孩子花費很多時間與虛擬的電腦互動，導致與人見面談話的互動機會減少，使得未來社會的人際相處將變得冷漠又疏離。

　　人與人的交際互動正在改變，許多青少年經常在虛擬的網路交友，真實的人際相處反而變少。所以，我希望孩子能多些與朋友互

動的經驗，藉由認識孩子同學的過程中，陪伴他們體會和朋友一起歡笑流淚的真實感動。

在孩子的求學階段，「交朋友」是很重要的課題。人是群居動物，每個人都希望自己能獲得其他人的重視，尤其當孩子從家庭進入學校，再從學校進入職場，不可能一輩子依賴他人生活，在成長路上，孩子必須學習如何與人相處。

認識孩子朋友但不做評論

我經常和孩子聊到學校生活，並且讓他們分享與同學間所發生的趣事。即便遇上出國工作不能回家，我和兒子還是會約好晚上回到飯店，以網路視訊互道平安，聊聊今天所發生的事情。

爸媽想要關心孩子周遭的朋友，但方式必須為孩子所接受。例如我會在兒子生日時，讓他邀請同學來家裡玩，但這須事先取得其他同學父母的同意和信任。

此外，參加學校家長日或各種活動都是認識同學家長的好機會，父母可在此時互相交流，了解孩子的喜好和平時在校情況。

並且，當與孩子聊及同學時，最好不要對他們下評論，應讓孩子透過自己與他們的互動來調整相處模式比較好。如果擔心孩子的安全而禁止他們交往，將會引起他們的強烈反彈，進而影響彼此間的親子關係。

太多青少年會因父母的反對與干涉，隱瞞自己的交友狀況，甚至太早對異性產生好奇，致使孩子在爸媽看不到的時候，故意做出反抗約束的不當行為。

現代人生活步調很快，無論友情或親情都要刻意培養，特別是現今的網路發達，孩子花費很多時間與虛擬的電腦互動，導致與人見面談話的互動機會減少，使得未來社會的人際相處將變得冷漠又疏離。

與孩子建立緊密關係

　　由於全球化的來臨，兩代之間的相處距離將有可能拉遠。不過，我們可利用先進的電子產品來維持互動，使得親子關係不致於疏離。若孩子與爸媽逼不得已必須分隔兩地，雖說不能馬上適應，但應在孩子年紀還小時，就建立起良好的互動默契，並盡量抽出時間和孩子一起玩，參加他與同學的活動。

　　十多年來，陪伴和參與孩子的活動，都是媽媽做的比較多，我只能盡量參加學校的運動會、園遊會等。但孩子們也習慣了這樣的時間分配，大致知道爸媽負責的管轄範圍，如果遇到困難要找媽媽或爸爸幫忙，也可以安心而不慌亂。

單爸教養手記

　　再多的物質和金錢也無法填補兩代之間的空隙。如果不想讓孩子覺得爸媽不理他們，只能找朋友傾訴，就要從小培養親子間的默契。

孩子不是爸媽的獨有資產
～收放，給予孩子自主權～

孩子未來的獨立性，取決於爸媽的收放程度，
唯有懂得放手，孩子才能飛得更高！

　　如果孩子到了青少年時期，必須費盡心力向大人爭取他們的自主權，並希望爸媽不要管太多，很可能是成長經驗中，父母出現保護過度或協助過多的情形，導致孩子要用強烈的方式表達想法。

　　教養棒小孩最難掌握的就是收和放的時間點，孩子需要在爸媽的照料下獲得成長的機會，但也不能只聽爸媽的指令才能進行下一步。

在適當的時機，爸媽應讓孩子擁有自主權，給予孩子自己選擇和決定的機會，但並非完全放任而不加以約束。

孩子通常會經過幾個意見最多且唱反調的時期，此時爸媽很容易因他們不配合或頂嘴而生氣。由於受到外在成長條件和社會環境變化的影響，孩子會發展出不同的個性，此時應彈性調整親子溝通的模式，並有「孩子已是一個獨立個體而非父母資產」的認知，堅定其教養態度，建立正確的價值觀。

若希望家裡的棒小孩長大後能承擔屬於自己的責任，爸媽應安心放手給孩子自主權。假使爸媽擔心孩子做不好，而為他們安排和決定任何事，那孩子將錯過主動學習的好機會。

別當孩子的替手

教養嚴厲的父母會限制子女行動，甚至是從衣著打扮到跟誰交朋友、什麼時候讀書、讀什麼比較好⋯⋯等生活上的大小事，進行嚴格管制。

這一類的爸媽認為：「孩子在青少時期要管得更緊，否則年輕人衝動又不懂事的情況下，很可能會做出無法挽回的遺憾。」然而，觀察身邊親友與子女的相處方式，我發現孩子們反而會因為爸媽太過強勢的教養，激起他們反叛或故意抵制的表現。

孩子向大人要求「做自己」，是人類最自然的本性。通常孩子在一周歲起，便開始發展「自我意識」，即使是不會講話的小寶寶也會搖頭、點頭，並透過動作來表達想法，試圖與別人溝通。

我發現小寶寶大約十一個月左右時，若能用自己的手握住湯

匙，他們就會希望自己拿東西吃而拒絕大人餵食，如果照顧者企圖想要多塞一口食物，堅持度較高的嬰幼兒通常會拼命搖頭。這樣的孩子不能說他個性固執，而是正常的生理和心智成熟的表現，畢竟每個人的需求和感覺是不一樣的。

如果孩子想要以自己的力量操作並拒絕大人幫忙，正代表孩子的心智發展更進一步。少數媽媽或許會想：「孩子離我越來越遠了」、「長大就不需要媽媽」，接著陷入低潮，忍不住就會協助過多。

因此，我們必須以積極的態度看待孩子獨立學習的機會，對消極的想法做適當調整，畢竟孩子長大是值得慶賀的事。

拿捏收放界線

爸媽在教養孩子的過程中，最不容易的就是拿捏放手和管束之間的鬆緊度。

如果孩子到了青少年時期，必須費盡心力向大人爭取他們的自主權，並希望爸媽不要管太多，很可能是成長經驗中，父母出現保護過度或協助過多的情形，導致孩子要用強烈的方式表達想法。

相反地，爸媽若放任孩子依照自己的想法做事，只會養育出任性的孩子。因此，我常常在演講時提醒家長們，教養未成年的子女時，不可存著「只要孩子高興就好，不要給孩子壓力」的想法。

因為孩子所學、所知與生活經驗有限，在他們還沒有足夠的判斷力之前，仍須有智慧的爸媽引領至正確道路。

單爸教養手記

🍀 孩子長大後也會有自己的朋友，能和爸媽出遊的機會將越來越少，所以即使工作再忙，爸媽也要安排空檔，把握每次相聚的機會。

🍀 生活中的很多狀況，爸媽可以設計成「選擇題」，讓孩子自己決定，並練習對其所造成的後果負責。但爸媽只要將可選擇的答案都列在自己預設的範圍內，就不用擔心孩子做錯後該如何解決了。

＊孩子可以自主選擇的情況：

＜親子互動1＞女兒正在玩娃娃或扮家家酒遊戲，這時媽媽想叫孩子停下來去洗澡……

　　爸媽可以這樣說：「妹妹，輪到妳去洗澡囉！妳覺得再等妳玩五分鐘就去洗澡？還是我們現在就去，讓娃娃在房間等妳洗好澡回來一起玩呢？」

＜親子互動2＞孩子回家後開始玩樂，但功課還沒寫，而爸媽希望孩子能早一點完成……

　　爸媽可以這樣說：「爸爸很想玩象棋，等一下在你寫完功課、睡覺以前，還有時間陪爸爸玩嗎？還是等星期天我們再一起玩呢？」

【註】

　　對發育中的兒童來說，充足的睡眠非常重要，爸媽最好規定小學生每天固定上床睡覺的時間。

發現自己的專長
～興趣與專長都是練習而來～

擁有「專長」的孩子，其高度的耐性與意志力
將是孩子堅持下去的動力！

　　我認為理想的實現，首先要打穩基礎，就算擁有天生超強的領
悟力，也必須花很多時間練習。而我們不僅要將動作練到流暢，還
要提升反應的靈巧與精熟度，使其遇到外在環境的改變也能隨機反
應，這才足以成為紮實的「基本功」。

　　「不要羨慕別人厲害，其實自己也很不錯！」每個人都有天生
的優勢，只要靜下心來想想自己做什麼時最開心，就會花更多的時

間去鑽研，以達到最好的成效。並且，孩子必須展現超人般的堅持度，才有可能練就令人稱羨的特殊專長。

專業與興趣的界線

自從當上老闆以後，我看過許多的求職自傳和履歷表，發現許多人在「專長」的欄位都會留下空白，其實能分辨自己的興趣與專長的人不多。也就是說，「興趣」是自己喜歡做的事，而「專長」就是執行起來比其他人更好的特殊能力。

但是「喜歡做」與「能夠做好」並不一樣，想要好到可以成為一項具有競爭力又受人歡迎的真本事，幾乎要經過無數次的反覆演練。

受到電視及媒體報導的影響，很多爸媽急著安排小小年紀的孩子去學習各式各樣的才藝，希望孩子能受到眾人矚目而成為明日之星！

只是，任何事情過與不及都不好。假使孩子每天下課後，才藝排程全部滿檔，但若沒有時間複習，也是枉然。畢竟這些孩子大多只是學到粗淺的概念，真的能投入長期單調而重複練習者並不多。

無論是舞蹈、運動、樂器演奏或繪畫等動作的熟練度，都與投入的練習時間長短有直接關聯。面對「這些才藝」，孩子不僅要身體力行，還必須具備「學習不是玩樂而是要重複演練」的積極心態，才能耐住性子，忍受這段枯燥乏味的過度期。

明白「興趣」與「職業」的差距

青少年會對流行於同學之間的話題感興趣，甚至也想讓自己成為大家關注的焦點，因此常會跟要好的同學做一樣的事情、一樣的打扮，當然也會想跟同學一起去補習！

在現今資訊快速變化的時代，每個人或多或少都會有些焦慮和茫然，因為大家不知道未來會變成什麼模樣，只有少數人是主動想學習更多新知識來做好預防和規劃。

現下很多年輕人沒有目標也沒有動機，年幼的孩子也經常抱怨：「好無聊啊！」更誇張的是，他們似乎也說不出自己該玩什麼？所以，如果有孩子自動向爸媽說：「我想學……」爸媽會開心不已，甚至設法達成孩子的願望。

不過，我希望爸媽和孩子都先不要太衝動。在學習某一種課程之前，應先思考自己學習的目的，若想練就一身好本領便不能光有想法，因專注投入練習的項目在精不在多，假使只是為了滿足對某件事的好奇心，那將容易出現「三天打魚七天晒網」的後果。

所以，我認為「找到自己喜歡做的事」和「能夠做好一件事」的差別，真的很大！

就拿我自己來說，平時工作的空檔，我偶爾想為家人下廚做菜，因為我很喜歡採買材料後，享受沒有雜念、專心料理的過程，並且看著兒子與妻子圍坐下來，開心吃著自己烹調的晚餐，這會使我產生一種莫名的成就感。

有時兒子還會誇張表示，爸爸做菜比外面買回來的更好吃。接著，就和媽媽你一言我一語地討論：「不如我們家以後開餐廳，生

意應該會不錯吧……」

諸如此類的情況發生很多次了，妻子、兒子和我都會熱烈地討論，從研究菜單到家人的工作分配……其中要考量到的細節相當複雜。所以最後的結論，往往是把興趣當成職業很困難。雖說我偶爾下廚的美味料理能讓全家人感到快樂，但若變成每天重複的工作，心情就不是「享受」這麼簡單了。

我認為理想的實現，首先要打穩基礎，就算擁有天生超強的領悟力，也必須花很多時間練習。也就是我們不僅要將動作練到流暢，還要提升反應的靈巧與精熟度，使其遇到外在環境的改變也能隨機反應，這才足以成為紮實的「基本功」。

能力是重複練習而來的

年輕時，與射箭隊友到處比賽，那時我才開始有在家以外的用餐經驗，本來以為自己打理一頓飯是每個人都會做的基本功夫，直到有一天看見同齡的男性友人連水果都不會切，才發現原來許多技巧並不是天生就會。

因此，某人若是擁有一項純熟的能力，絕對是由無數次的練習而來。但是，學習任何新技術亦是如此，有過經驗的人若遇到相同情況，便會如同本能反應般立即表現出來。

四十年前的台灣，還沒有二十四小時的便利商店能隨意買到東西。當時，媽媽常要我放學回家後，負責煮晚餐，而媽媽在市場上賣不完的絲瓜、番茄或當季盛產的蔬果，就變成我創新料理的實驗素材。在看過父母的做菜過程，我也依樣畫葫蘆地摸索、練習。經

過了幾年，準備三、四道菜餚對我來說，已是輕而易舉之事。

　　童年因為生活環境的關係，使我必須磨鍊出下廚做菜的本事。沒想到，現在反而成為增添親子生活樂趣的潤滑劑，我想這是像我一樣的平凡爸媽，才能體會的甜蜜幸福吧！

單爸教養手記

🍀 父母與子女的成長背景和學習經驗完全不同，故孩子的專長與喜歡做的事若和父母不一樣是正常的。

🍀 鼓勵孩子培養專長的三原則：

1. 用心發現孩子的興趣和優良表現。

2. 鼓勵孩子再試一次，不要輕易放棄或轉移目標。

3. 親友或老師都是爸媽的得力助手，不用凡事等自己先學會再教孩子。

對孩子要有期許

～開個定期的家庭會議～

藉由定期舉辦的家庭會議，可從小培養孩子獨立思考與判斷的能力！

　　我希望孩子能培養思考和判斷力，因此每隔一段時間，我們全家人就會召開家庭會議，兩個兒子和爸媽也會很認真地討論未來的一些想法及事前準備。

　　爸媽要給孩子明確的做事方向，然後訂出確切的達成目標，只要我們相信孩子會更好，不中途干擾或打擊孩子士氣，他們就能朝傑出之路前進。

引導孩子走向正確道路

由於每個家庭的生活模式不同，價值觀也不一樣，因此每個孩子都有天生的優勢能力；然而，後天的環境影響也會發展出孩子不同的行為模式。

爸媽通常會擔心孩子長大後的成就，進而不自覺地比較起孩子們的考試分數，但這些只能作為評估孩子不同階段的學習參考，因孩子的成長和學習進度有快有慢，短期的超前或落後都必須找到問題來調整，千萬別在孩子面前質問「為什麼不跟誰學？人家都可以⋯⋯為什麼你就是不能⋯⋯」

若真要給予爸媽在教養子女上的建議，我認為應該從小建立正確的價值觀，並對孩子有所期許。

我常聽到爸媽說「希望孩子快樂就好，長大後只要管好自己就行」、「我對孩子沒有什麼期許，不想給孩子壓力」，聽到這些話總會令我擔心，因為孩子是可以被開發與引導的，爸媽應教他們打理好自己的生活和課業等基本要求，進一步再教育孩子「利他」的觀念，長大後才會有感恩回饋的行動力。

另外，父母若能明確表示立場和學習目標，便能讓孩子內心產生安定感；相反地，如果完全放縱並讓孩子自己拿主意，反而容易因孩子的經驗和能力不足，做出不適當的決定。

 ## 開個家庭會議

我希望孩子能培養思考和判斷力，因此每隔一段時間，我們全

家人就會召開家庭會議，兩個兒子和爸媽也會一起討論未來的一些想法及事前準備。

開會討論的內容包括，共同約定好處理特殊狀況的事宜、最近個人所遇到的新挑戰、爸媽希望大家配合的家庭責任有無做好……等事項。

雖然大部分都是生活小事，不過若將他們視為成熟的大人，可激發其責任感，同時我們也能聽到兄弟倆在開會時所提出的實用想法和建議。

其實，定期的家庭會議並無特殊形式，只是將職場上的工作習慣簡化延用到兒子的教養上。在兒子即將進入小學前，我們便開始用家庭會議溝通彼此的想法，而媽媽也曾反應開會的方式一板一眼很不習慣，還笑我是小題大做的爸爸，並對於要求小孩認真坐下來開會的正經模式，沒有太大的信心。

我鼓勵媽媽不妨一起試試，或者假裝跟兒子玩角色扮演的遊戲，藉由不太嚴肅的開會方式，傳達爸媽對孩子的期許。雖說兒子年紀還小時，不懂會議秩序，每當意見不同總會忍不住開始爭論，這時當主席的我就會教導孩子別人發言不能插嘴，應尊重他人發言權的禮貌等，並且不能隨意取笑或打斷他人說話。

當輕鬆的家庭會議執行幾次後，全家人也都習慣這種親子溝通方式。若遇到比較重大且難以決定的事情時，便會開會討論聽取大家的想法，一旦達成共識，也就避免許多因溝通不良而造成的衝突。

現在兩個孩子已經長大了，個個貼心且負責，尤其哥哥在國中

階段並沒有出現父母常會擔心的叛逆問題。所以，我覺得自己很幸運，在陪伴孩子成長的十多年來，也因為掌握到各階段的教養訣竅而沒有遇到太大的難題。如今，兩個孩子也已是自律守法且有獨立思考的青少年了！

單爸教養手記

🍀 爸媽可以找出適合自己的親子溝通方式，定期了解孩子的想法及做法是否相符。如果爸媽不習慣以開會方式進行，也要設法引導孩子養成自我反省和修正行為的好習慣。

沒有很難，只有更好
～比馬龍效應的學習成效～

經常以正面話語激勵孩子，提供他充實的自信心，他才會有繼續挑戰的動力！

　　「比馬龍效應」讓我們了解到正向的期許，確實可對人們造成正面的影響。所以，我們一定要相信自己能更好，並在面對問題時，找到解決辦法。

　　孩子會朝向爸媽所期許的樣子成長。若常跟孩子說：「這件事做得真好！」孩子便會主動練習和研究，自然就變得更棒。但如果常說：「笨！連這也不會！」這時，遇到問題的孩子就會停止動

腦，並經常抱怨：「這很難耶！老師又沒教過。」

 ## 我的未來職業

就讀六年級的小兒子即將畢業了，不久前還主動問我自己長大適合什麼職業。他說：「爸，有件事我想不通，小時候我一直很想當醫生，但不知道為什麼現在一點也不想了。我喜歡寫文章，不然你覺得改當作家好不好？像九把刀一樣受歡迎怎麼樣？」孩子的願望會隨著崇拜的偶像而改變，聽完兒子的話，我又開始想該如何回答了……

小兒子文筆確實很好，打從小學低年級開始，家庭聯絡簿中的日記欄總不夠他寫，甚至還會自動貼上白紙加頁才能寫完。升上高年級後，老師讓他參加作文比賽也經常獲獎，看來寫作專長已經顯而易見。

但這孩子心思細膩，遇到問題時會考慮很多，必須引導他積極正向的思考習慣才不會鑽牛角尖。所以，我只是告訴他，進入國中的三年裡先打好課業基礎，待慢慢發現自己的興趣後，再來下決定也不遲。

我常在孩子主動提問的時候，與其溝通想法，並鼓勵兒子為自己設定短期目標：「從現在開始到往後的三年，給自己設立一個就讀高中的目標，你不是想讀建中嗎？」

「建中？很難吧！我可以嗎？」兒子覺得自己做不到，他要爸爸不要對他有太高的期待，否則可能會失望。

小兒子的回答讓我感到意外，因為他向來都是個功課不錯的孩

第4章 在父母的羽翼下，孩子長大了

子，並且沒有特別參加課外補習便能順利進入資優班。在班上的考試成績也名列前茅，許多比賽也都能輕鬆過關，所以常常讓從小成績不好的我感到佩服。

但是，我可真沒想到小兒子竟然還會有信心不足的時候，在聽到孩子的想法後，知道這兒子的性格趨於保守及容易擔憂，常常低估自己的能力，說出沒自信的話。

🦉 比馬龍效應

那天，我跟兩個兒子分享「比馬龍效應」的原理，要他們相信自己可以更好。

這是哈佛大學心理學教授R.Rosenthal和L.Jacobson，在一九六八年所研究出版《教室中的比馬龍》（Pygmlion in the Classroom），書中談到老師對學生的期望，將會對學生的學習效果產生影響。

他們做了一項實驗，先為一群六到十二歲的兒童進行智商測驗，再將他們分成實驗組和對照組，還跟老師說實驗組的孩子智商比較高，所以要設計較難的課程給這些孩子，但在教學上則要更加認真，並且對於孩子的問題要花較長的時間來回答。

一年後，這些孩子的智商分數果然進步了。但事實上，孩子們只是隨機挑選被分配到實驗組或對照組，兩組孩子的智商並沒有太大差異。

然而，我若將上述如此迂迴的說法講給孩子聽，肯定要解釋更久。因此當兒子問：「什麼是比馬龍效應？」

我便試著用孩子能懂的話解釋：「在遇到困難的時候，只要我

們心裡出現『哎呀，算了吧，這太難了，不可能做到』的負面想法時，便會不自覺地停止再次嘗試；可是如果我們真心相信『沒問題，這件事我可以做好』，就會積極地想解決辦法，就算中間再次失敗，也會一次又一次地繼續挑戰，直到達成目標為止。」

　　「比馬龍效應」讓我們了解到正向的期許，確實可對人們造成積極的影響。所以，我們一定要相信自己能夠更好，並在面臨問題時，找到解決辦法。此外，主動找人幫忙並不丟臉，如果我們習慣凡事正向思考，就能朝理想的目標前進。

 ## 親子腦力激盪

問題：

　　如果你是個賣運動鞋的老闆，有位打扮輕便樸實的顧客走進來，來回看著展示架上的鞋子，你會如何接待他呢？

☆ 看事情的角度決定最後的結果

正向思考	接待方式
他想買一雙新鞋。	☆熱情回應：我們這裡有各種款式，請慢慢看。若需要找什麼尺寸都能幫你拿！
有換新鞋的需要。	
可能想幫別人買。	☆熱情回應：請問您想找特定功能的鞋子嗎？要不要我來幫您看看？
介紹與客人腳上鞋款相似的運動鞋給他看。	

負面思考	接待方式
看起來不像買專業運動鞋的人。	☆看起來個性很節省，我們賣的鞋太貴，或許只是看看不會買。
他腳上的鞋還是新的，應該不需要換鞋子！	☆最近小偷很多，得小心看著他，以免東西弄丟了。

解析：

1. 正面思考的店員可以讓客人感受到尊重，最後通常會消費的機率很高。

2. 負面思考的店員會在表情或言談中透露出不耐煩的態度，讓客人覺得沒禮貌，使其想趕快離開而打消購買念頭。

單爸教養手記

爸媽的內心要經常保持「相信孩子會更好」的信念，意思是指大人在平時的言行和互動中，應以正面態度看待孩子的表現，而不要只看到孩子的缺失。

開心自在，化解僵局
～幽默，親子間的潤滑劑～

爸媽，教養孩子也可以輕鬆愉快，帶著幽默與孩子相處，笑聲將啟動孩子的正面能量！

其實，幽默感是可以練習的。最主要的是我們在解讀每件事情時，可以用更開放的心情來體會他人與自己的不同想法，並學習往好的方面去想。

華人社會終究還是重視文憑與考試，使得孩子往後的學校課業越來越重。

珩嘉在升上國中三年級以後，每天晚上九點才離開學校。回到

家，匆匆吃點東西又進房複習功課。即使我不出差，每天準時下班回家，也很難有機會和兒子好好談到話。

　　父子平時的相處時間不多，只能利用週日早晨打球的空檔，聊些孩子在學校的生活話題，或者分享自己的工作心情。

　　平常兒子們和媽媽相處的時間比較多，承擔了大部分照顧孩子生活和行為管教的責任，所以媽媽和兒子經常是無話不談。

　　相較之下，我下班回到家，腦子經常還想著工作的事或盯著電腦了解公司的業務狀況……這些是我和很多爸爸一樣都有的小毛病，難免有時會因投入工作而忽略了與家人的互動，但當聽見他們的談笑聲時，即便想參與，有時卻也會有種不知該如何切入的情景。

　　所以，我會透過刻意接近孩子的機會與假日相處的時間，用輕鬆幽默的方式與孩子聊天。

幽默，讓親子間充滿笑聲

　　親友家裡又添了個女寶寶，抱起可愛的小嬰兒，我頓時出現一種窩心的感覺，特別是每次看到小女孩在爸爸懷裡撒嬌的樣子，總讓我很羨慕。

　　「有女兒真好！不像你們兩隻這麼大，真不可愛！」有一天，我說出心裡的想法。

　　小兒子珩奕說：「妹妹可是很囉嗦的唷！我看同學的妹妹就很麻煩，不過如果有個妹妹我們也會很開心，因為爸爸希望有個女兒來撒嬌。」弟弟竟然認真說著。

「謝謝你願意忍受麻煩，不過我們家再多個寶寶，媽媽還要重新帶小孩，一定很辛苦，算了吧！」

話才說完，大兒子接著說：「弟，你不要想那麼多，爸爸只是說好玩的，工廠已經不接單了啦！」哥哥幽默回應，我們全家人笑到東倒西歪。

這時，媽媽又冷眼地補上一句：「工廠確實已經不接單，也可能無法生產了！」

幽默，是親子潤滑劑

想起自己小時候和父親相處時，總會忍不住地緊張，我發現這是因為欠缺輕鬆幽默的互動。

由於父親是一個嚴謹而自律的人，所以教養子女就會用較高的道德標準來看待我們。從言談講話到行為舉止，只要不符合禮儀和社會規範的事，都會受到他的嚴厲糾正。而父親傳遞的價值觀，確實讓我特別重視誠信和正直，但他的嚴肅，也讓我們與父親之間產生距離感。

其實，幽默感是可以練習的。最主要的是我們在解讀每件事情時，可以用更開放的心情來體會他人與自己的不同想法，並學習往正向的方面去思考。

人與人間的相處，總會遇到立場不同或溝通不順的尷尬場面，而善用幽默的人，往往可以解開僵局，使當下緊張對立的氣氛消弭。

因此，我覺得爸媽先要練習以自己作為「被幽默」的對象比較

好，千萬別常拿他人開玩笑。因為「幽默」若表達不適當，很容易使對方出現語帶「諷刺」的感受。

此外，有些孩子天生樂觀，很懂得自娛娛人、炒熱場面，常成為大人眼中的開心果。當我們在教養這類型的孩子時，要讓他們懂得表現的適當時機，注意身旁人的感受是否愉快，因為幽默感需要在合宜的時候展現，以免說話或行為舉止流於輕浮。

所以，爸媽在和孩子相處時，可藉由幽默來化解親子間的對立狀態，進而使家人的相處更和諧融洽。

單爸教養手記

❀ 幽默感的培養是從生活中學習而來，孩子必須懂得收放的時機，才不會讓人感到行為舉止輕佻、不端莊。

❀ 一個具有幽默感的人應懂得關心並同理他人感受，這是孩子從小必須學會的基本社交能力。

珍惜眼前的幸福

～對親子關係的感恩與期許～

孩子終究會長大高飛，讓他們構築自己的未來與家庭。

孩子成長過程中，爸媽關注的焦點不能只是飲食起居等基本生存條件，而是檢視孩子的行為態度與觀念，並學習合宜的人際應對與互動。

剛當爸爸時，聽過一位事業有成的男性友人感慨地說：「爸爸的工作時間很長，所以和孩子的相處時間實在很少……回頭想想全心投入工作幾十年，但等到有時間能和孩子相處時，他們也都長大

離家讀書或工作了⋯⋯」

　　由前輩的話語當中，我能感受到強烈的無奈。當下便暗自希望自己能調配好時間，在工作之餘，也要盡可能與孩子多加互動。

 ## 教養就像企業管理

　　轉眼間，自己已經當了十五年的爸爸，還因為工作的緣故，讓我有很多機會能和各地方的爸媽與專家分享交流彼此的教育經驗。總結下來，我有一股深刻的感覺：為人父親對子女的愛，其實並不亞於母親。

　　可惜男性多半不懂得表達自己的感受，再加上過去「男主外、女主內，教孩子是女人的事⋯⋯」等窠臼觀念，導致不少愛在心裡口難開的男性不好意思表達愛孩子的心情。

　　更有些爸爸只是因為不懂如何和孩子搭上線，在試著與其溝通而沒得到想像中的熱情回應後就先放棄了，這實在相當可惜。

　　其實，爸媽在教養子女時，可依照自己擅長的能力來分配參與孩子教育的任務。家庭和企業組織一樣，維持和諧溫暖的家庭是每個人的責任，雖然我們依照專長各自分工，但也要做好隨時補位支援的心理準備。

　　就像我知道孩子的媽媽從小功課很好但有時心太軟，而我本身則是熱愛運動、對於管教原則的堅持度較高，所以在深入討論過後，我們決定由媽媽來負責指導孩子課業和生活上的打理，我則負責緊盯兒子有關體能和耐力方面的長期訓練。十多年來，我們都能做好自己所分配的教養任務，因此孩子即便處於青春期，也沒有過

多叛逆或行為偏差的現象。

 ## 只有十多年的親子保鮮期

我經常跟孩子說：「兒子啊！你們長大後要做有責任感的爸爸，要教孩子感恩回饋。」妻子私下笑我像在給兒子洗腦，相同的話常常會一再重複。

我承認是刻意說的，因為我希望建立孩子可能因電視或其他管道裡所聽到的不當觀念。有些爸媽太寵溺孩子，所以會說：「孩子長大只要管好自己就行了。」但這種論調可能會讓未成熟的孩子流於放縱自己的欲望，因此這些年針對兒子價值觀的建立，是我重要的課題。

經過自己十多年的育兒體驗，我建議年輕爸媽應輕鬆看待教養子女這段難得歷程。孩子需要照顧的時間，只有從出生到進入高中的這十幾年，爸媽終究要習慣孩子長大後各自獨立，回到只有伴侶或老友相陪的生活，這其實也是爸媽都要學習的一項新課題。

孩子年幼時，我們任何有形無形的付出，就如同父母當年無條件養育我們長大一樣，並不會對孩子要求回報。但我們必須相信自己有能力接受和付出對孩子的「愛」，以珍惜眼前和孩子只有短短十幾年一起成長的幸福！

單爸教養手記

🍀 孩子不需要二十四小時的看護，隨著孩子長大，爸媽要逐漸放手，才能教出懂事明理的孩子。

🍀 孩子成長過程中，爸媽關注的焦點不能只是飲食起居等基本生存條件，而要更加檢視孩子的行為態度與觀念，並學習合宜的應對進退與人際互動。

讓辛苦的職業父母享受**親子共讀**的**幸福時光！**

不論晨讀或睡前，**5分鐘**小故事，就是**剛剛好**

《剛剛好一起讀的小故事》

爸媽，不要再說你沒有時間說故事了
這是一本專為辛苦工作的職業父母量身訂做的親子共同讀物
善用小空檔，再也聽不到孩子失望地說：「好久沒聽到小故事了喔。」

素質教養專家 **王擎天** ◎編著

定價：**280**元

聯名推薦
親職教養專家
林攸餘、王瀞儀

活泉書坊讓您品味教養，與孩子的身心零距離！

采舍國際　活泉書坊

國家圖書館出版品預行編目資料

教養棒小孩請跟我這樣做！／單中興 著．—— 初
版.—新北市中和區：活泉書坊，2012[民101] 面；
公分・ —（品味教養10）
ISBN　978-986-271-227-6（平裝）

1.親職教育　　2.子女教育

528.2　　　　　　　　　　101009457

徵稿、求才

我們是最尊重作者的線上出版集團，竭誠地歡迎各領域的著名作家或有潛力的新興作者加入我們，共創各類型華文出版品的蓬勃。同時，本集團至今已結合近百家出版同盟，為因應持續擴展的出版業務，我們極需要親子教養、健康養生等領域的菁英分子，只要你有自信與熱忱，歡迎加入我們的出版行列，專兼職均可。

意者請洽：

活泉書坊
地址　新北市中和區中山路2段366巷10號10樓
電話　2248-7896 ext.305 黃小姐
傳真　2248-7758
E-mail ying0952@mail.book4u.com.tw

活泉書坊

教養棒小孩請跟我這樣做！

出 版 者 ■ 活泉書坊

作 者 ■ 單中興　　　　　　文字編輯 ■ 黃纓婷
總 編 輯 ■ 歐綾織　　　　　　美術設計 ■ 蔡億盈

郵撥帳號 ■ 50017206 采舍國際有限公司（郵撥購買，請另付一成郵資）
台灣出版中心 ■ 新北市中和區中山路2段366巷10號10樓
電 話 ■ (02) 2248-7896　　　　傳 真 ■ (02) 2248-7758
物流中心 ■ 新北市中和區中山路2段366巷10號3樓
電 話 ■ (02) 8245-8786　　　　傳 真 ■ (02) 8245-8718
I S B N ■ 978-986-271-227-6
出版日期 ■ 2012年7月

全球華文市場總代理 / 采舍國際
地 址 ■ 新北市中和區中山路2段366巷10號3樓
電 話 ■ (02) 8245-8786　　　　傳 真 ■ (02) 8245-8718

新絲路網路書店
地 址 ■ 新北市中和區中山路2段366巷10號10樓
網 址 ■ www.silkbook.com
電 話 ■ (02) 8245-9896
傳 真 ■ (02) 8245-8819

線上總代理 ■ 全球華文聯合出版平台
主題討論區 ■ http://www.silkbook.com/bookclub　◎新絲路讀書會
紙本書平台 ■ http://www.silkbook.com　　　　　◎新絲路網路書店
電子書下載 ■ http://www.book4u.com.tw　　　　◎電子書中心（Acrobat Reader）

華文自資出版平台
www.book4u.com.tw
elsa@mail.book4u.com.tw
ying0952@mail.book4u.com.tw

全球最大的華文圖書自費出版中心
專業客製化自資出版‧發行通路全國最強！